발 행 일	2025년 09월 01일(1판 1쇄)
I S B N	979-11-92695-68-6(13000)
정 가	14,000원
집 필	KIE기획연구실
감 수	방컴(쌤과 아이들)
진 행	김동주
본문디자인	디자인앨리스
발 행 처	㈜아카데미소프트
발 행 인	유성천
주 소	경기도 파주시 정문로 588번길 24
홈 페 이 지	www.aso.co.kr

※ 이 책은 저작권법에 따라 보호를 받는 저작물이므로 무단 전재와 무단 복제를 금지하며, 이 책 내용의 전부 또는 일부를 이용하려면 반드시 아카데미소프트의 서면동의를 받아야 합니다.

 **나의 타자 실력을 기록해보세요!**

구분	날짜	타자수	정확도	확인란	구분	날짜	타자수	정확도	확인란
1	월 일				13	월 일			
2	월 일				14	월 일			
3	월 일				15	월 일			
4	월 일				16	월 일			
5	월 일				17	월 일			
6	월 일				18	월 일			
7	월 일				19	월 일			
8	월 일				20	월 일			
9	월 일				21	월 일			
10	월 일				22	월 일			
11	월 일				23	월 일			
12	월 일				24	월 일			

이런 내용으로 구성되어 있어요!

■ **배울 내용 미리보기**

각 차시별로 배울 내용을 만화로 미리 확인할 수 있어요.

■ **창의력 플러스**

본문 학습 내용과 관련된 다양한 형태의 문제들을 스스로 해결하면서 창의력을 높일 수 있어요.

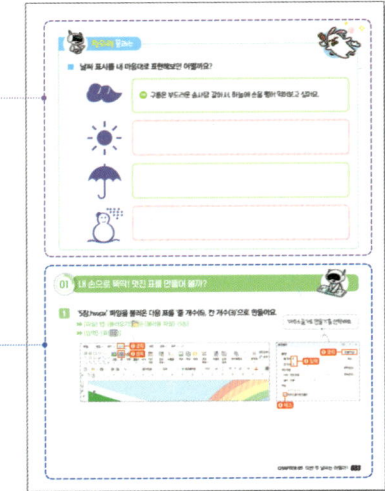

■ **본문 따라하기**

한글 2022의 여러 가지 기능들을 체계적으로 학습할 수 있도록 구성되어 있어요.

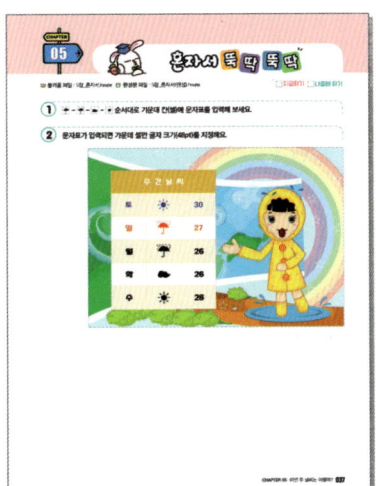

■ **혼자서 뚝딱 뚝딱**

앞에서 배운 내용을 다시 한 번 복습할 수 있도록 문제를 제공해요.

목차 CONTENTS

006 CHAPTER 01 — 토마토가 춤춰요!

012 CHAPTER 02 — 토마토들의 신나는 댄스파티!

020 CHAPTER 03 — 나만의 아바타를 만들어보자!

028 CHAPTER 04 — 내 마음대로 꾸미는 멋진 아바타

032 CHAPTER 05 — 이번 주 날씨는 어떨까?

038 CHAPTER 06 — 우리 모두 함께 지켜요!

044 CHAPTER 07 — 내가 만드는 첫 번째 책 표지

050 CHAPTER 08 — 혼자서도 잘해요!

052 CHAPTER 09 — 세계 여행 보드게임, 출발!
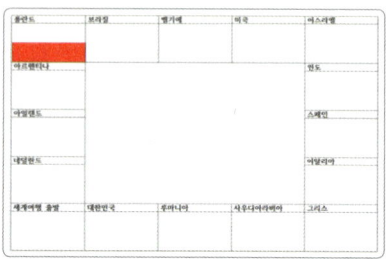

060 CHAPTER 10 — 지구 한 바퀴 돌자!

066 CHAPTER 11 — 캐릭터로 메모하자!

074 CHAPTER 12 — 오늘 간식 뭐 먹을까?

080	**CHAPTER 13**

우리가 만든 특별한 상장

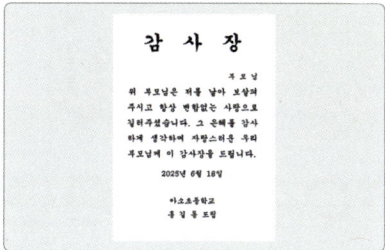

086	**CHAPTER 14**

내가 만든 상장을 드릴게요!

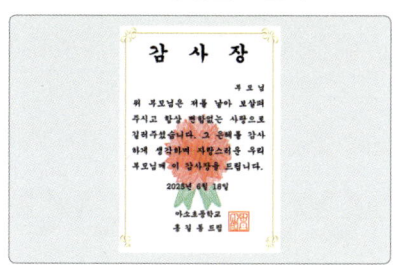

092	**CHAPTER 15**

우와! 내가 만든 멋있는 우표

098	**CHAPTER 16**

혼자서도 잘해요!

100	**CHAPTER 17**

쉿! 임금님의 비밀

104	**CHAPTER 18**

내가 만든 특별한 문자, 이모티콘

110	**CHAPTER 19**

가로·세로 퍼즐 도전해볼까?

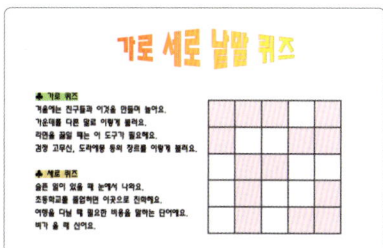

116	**CHAPTER 20**

최고의 인기 캐릭터는 누구일까?

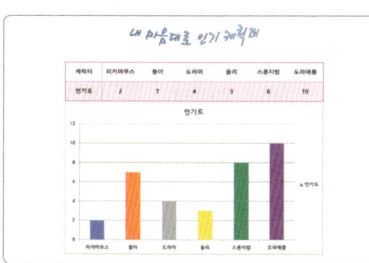

122	**CHAPTER 21**

친구와 함께 쓰는 우정쿠폰

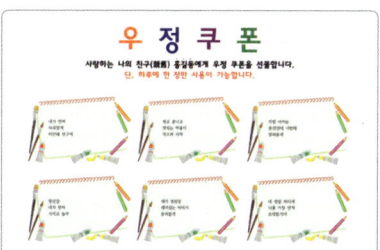

128	**CHAPTER 22**

우리 반 이름 해바라기

134	**CHAPTER 23**

내성격 알아보기!

140	**CHAPTER 24**

혼자서도 잘해요!

CHAPTER 01 토마토가 춤춰요!

학습목표
- 우리 함께 글자 모양을 변신시켜 볼까요?
- 우리 글자에 마법을 부려볼까요?

 배울 내용 미리보기!   📂 불러올 파일 : 1장.hwpx   📄 완성된 파일 : 1장(완성).hwpx

"키보드에 '하트(♥)'가 없어요?"

"괜찮아요! '문자표'에서 입력할 수 있답니다!"

오! 좋은데~

멋쟁이 토마토

울퉁 불퉁 멋진 몸매에

빨간 옷을 입고

새콤 달콤 향내 풍기는

멋쟁이 토마토

나는야 케첩 될거야

나는야 주스 될거야

나는야 춤을 출거야

뽐내는 토마토

 창의력 풀러는

1 좋아하는 동요는 무엇이 있나요? 친구들에게도 소개해보아요.

> 예 나는 곰 세마리 동요를 좋아해요. 율동이 쉬워서요.

2 동요에 나오는 아빠 곰과 엄마 곰을 그려보세요.

01 컴퓨터 속에서 보물찾기, 파일 불러오기!

1 한글 2022를 실행하고 [파일] 탭-[불러오기( )]를 클릭해요.

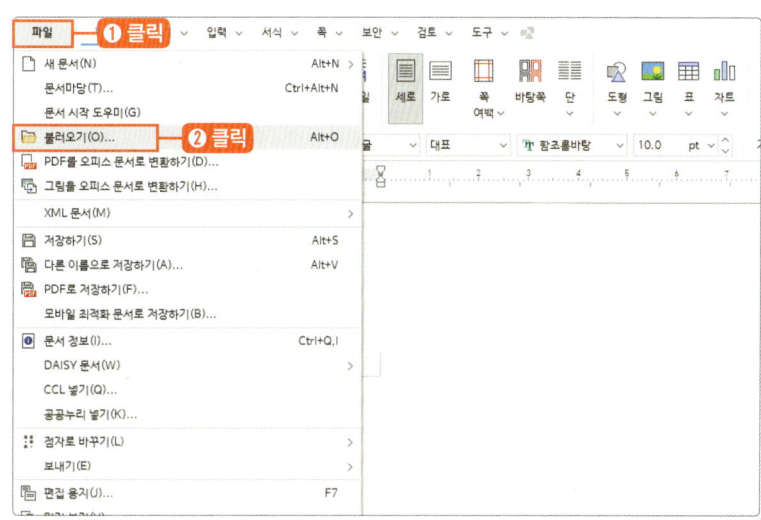

CHAPTER 01 토마토가 춤춰요! **007**

2 [불러오기] 대화상자가 나오면 '1장.hwpx' 파일을 선택해요.
➡ [불러올 파일]-[1장]-'1장.hwpx'

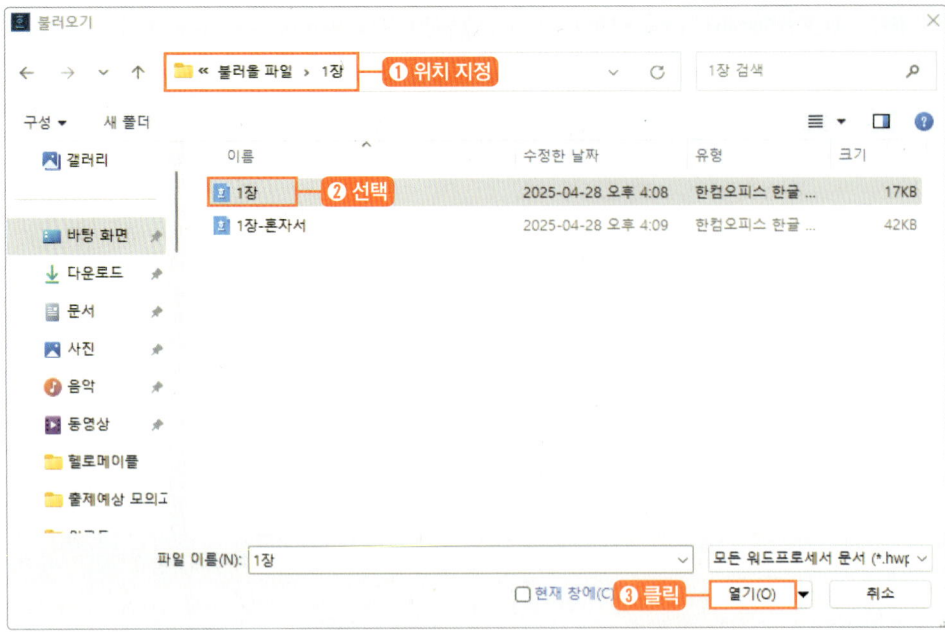

02 우리 손으로 만드는 예쁜 글씨, 글맵시 놀이!

1 첫 번째 줄의 '울' 앞을 클릭한 후, Enter 키를 눌러 줄을 바꿔요.

2　첫 번째 줄을 클릭한 다음 글맵시에서 '채우기 – 남색, 연보라색 그림자, 아래로 계단식 모양'을 선택해요.
　➡ [입력]-'글맵시(글맵시)'의 목록 단추(∨)를 클릭

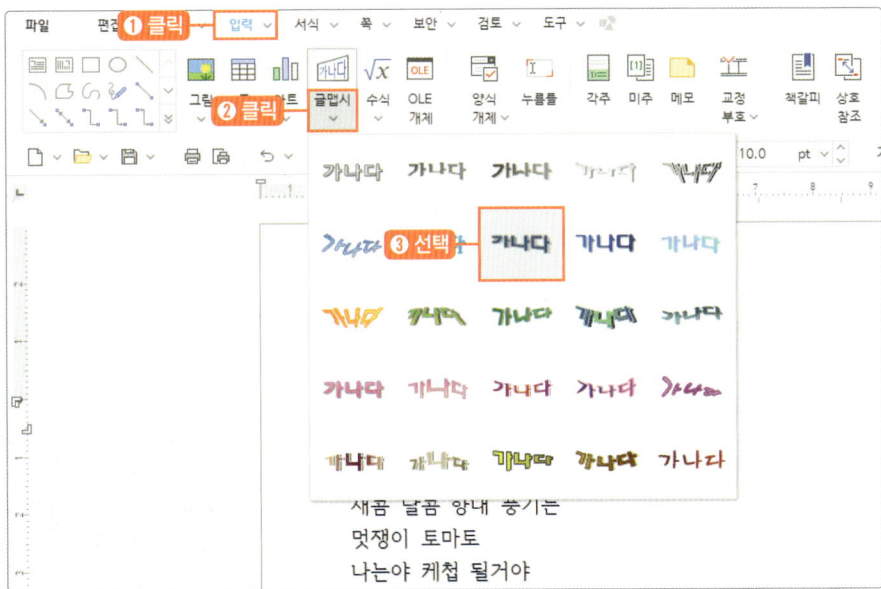

3　[글맵시 만들기] 대화상자가 나오면 내용을 입력하고 글맵시 모양을 변경해요.
　➡ 내용(멋쟁이 토마토), 글맵시 모양(위쪽으로 팽창)

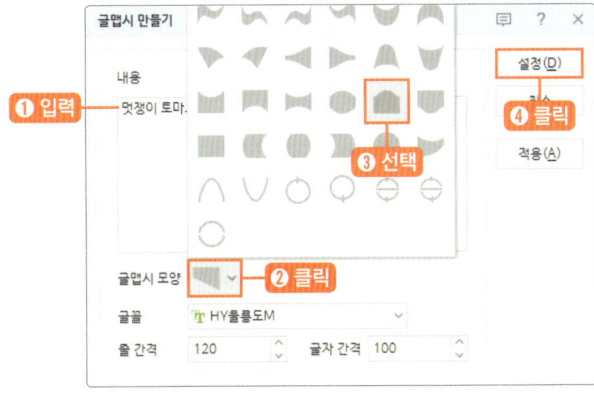

4　글맵시를 더블 클릭하여 [개체 속성] 대화상자가 나오면 크기 및 위치를 지정해요.
　➡ [기본] 탭의 크기에서 너비(130mm), 높이(30mm)입력하고 위치에서 '글자처럼 취급'을 체크

글맵시를 선택하여 글맵시 탭에서 [개체 속성]을 선택할 수도 있어요.

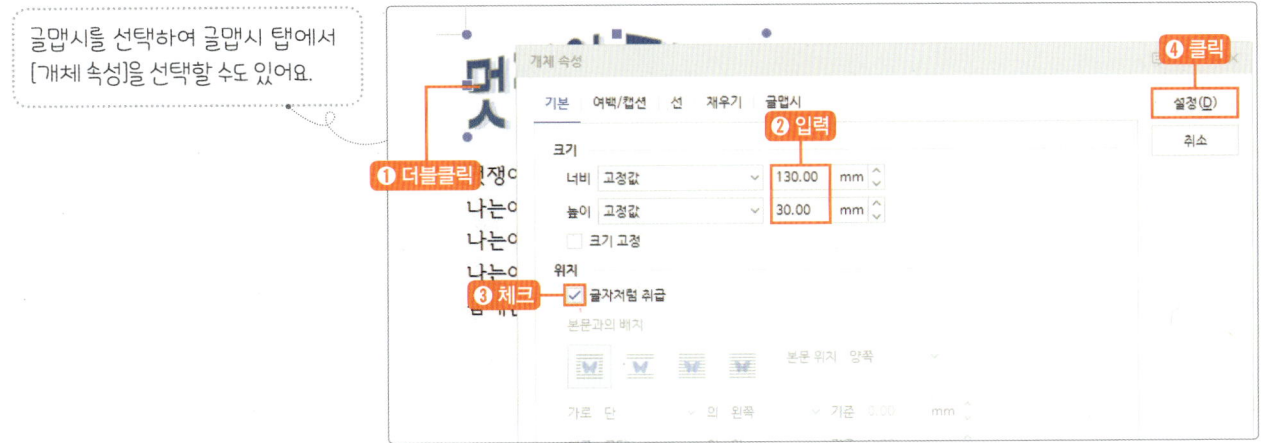

CHAPTER 01 토마토가 춤춰요! **009**

03 컴퓨터 속 마법 상자, 서식 도구 상자를 소개할게요!

1 문서 전체 내용의 서식을 지정해요.

➡ `Ctrl` + `A` 키를 눌러서 문서 전체를 선택한 다음 [서식 도구 상자]에서 '글자 크기(24pt)', '가운데 정렬(≡)', '줄 간격 (200%)'를 선택

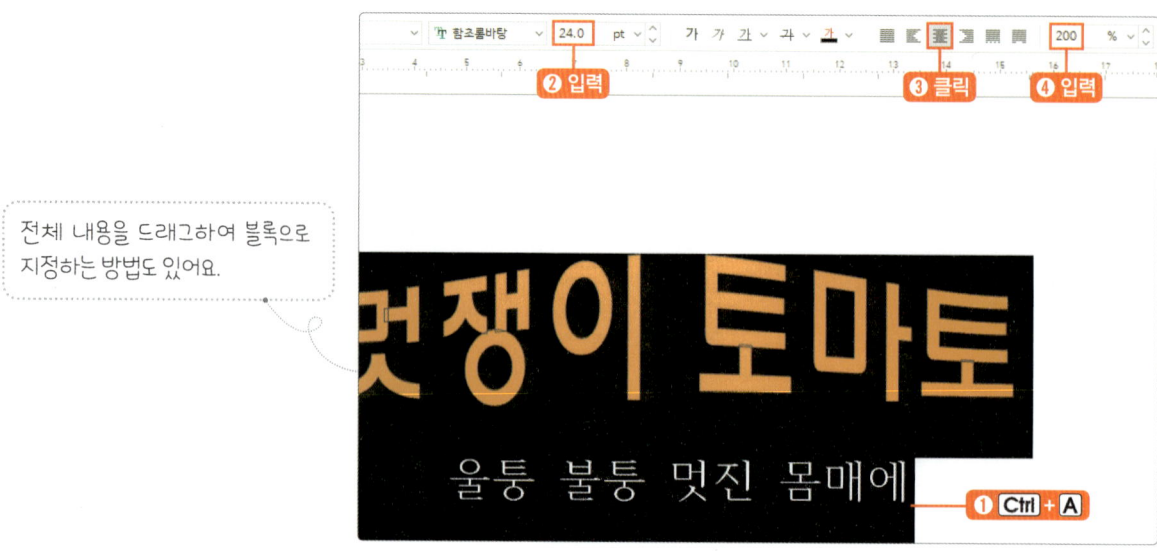

전체 내용을 드래그하여 블록으로 지정하는 방법도 있어요.

줄 간격

줄 간격은 줄과 줄 사이의 간격으로 기본 값은 '160%' 이지만, 줄 간격을 '200%'로 지정했기 때문에 줄 간격이 늘어나요.

2 '토마토-1(홍길동).hwpx' 파일로 저장해요.

➡ [파일] 탭-[다른 이름으로 저장하기]-'자신의 폴더'

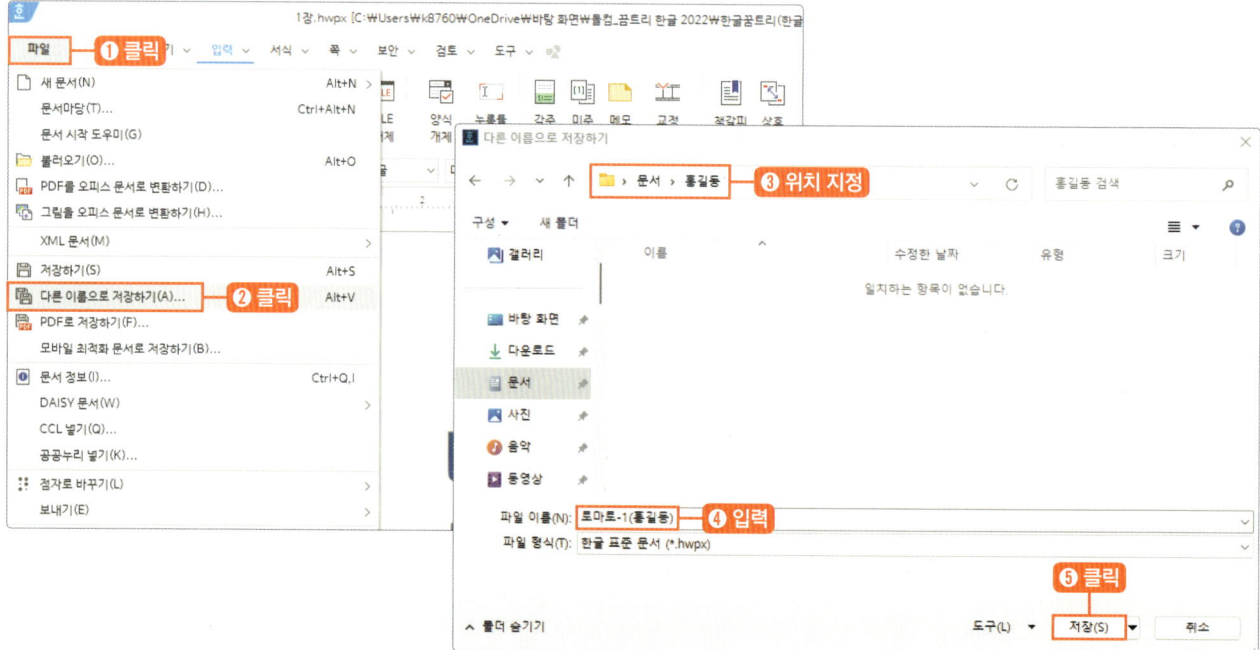

CHAPTER 01

혼자서 뚝딱 뚝딱

📁 불러올 파일 : 1장_혼자서.hwpx   📄 완성된 파일 : 1장_혼자서(완성).hwpx

☐ 지금하기   ☐ 나중에 하기

1 다음과 같이 세 번째 줄에 문자표를 입력해요.

➡ 문자표는 [원하는 자리] 클릭-[마우스 오른쪽 단추] 클릭-[문자표] 클릭
➡ [사용자 문자표]-[문자 영역]-[기호2]-`♥ ♪`

원하는 문자표를 선택한 후, 〈넣기〉 단추를 클릭합니다.

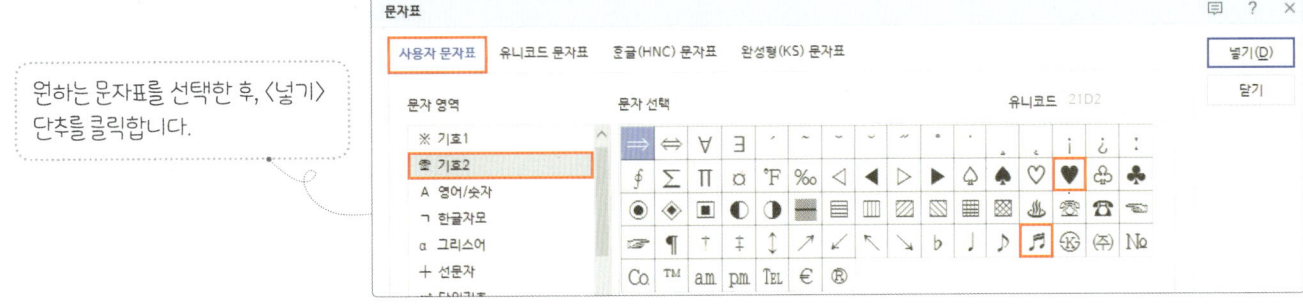

➡ [유니코드 문자표]-[문자 영역]-[특수 문자]-`✌ ☝`

원하는 문자표를 선택한 후, 〈넣기〉 단추를 클릭합니다.

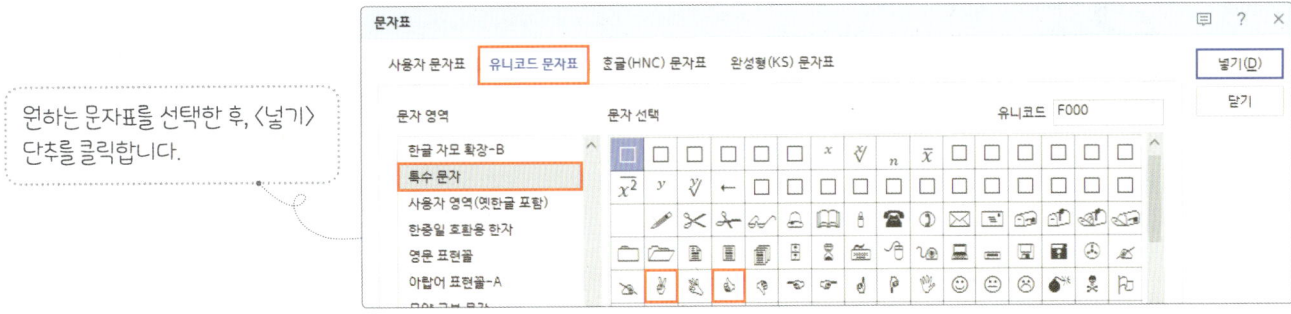

완성된 작품

멋쟁이 토마토

울퉁 불퉁 멋진 몸매에
빨간 옷을 입고 ♪
♥ 새콤 달콤 향내 풍기는 ♥
멋쟁이 토마토 ☝
나는야 케첩 될거야
나는야 주스 될거야
나는야 춤을 출거야
뽐내는 토마토 ✌

CHAPTER 02 토마토들의 신나는 댄스파티!

학습목표
- 우리 글자를 마법처럼 변신시켜 볼까요?
- 그림으로 꾸미는 나만의 이야기!

배울 내용 미리보기!

📁 불러올 파일 : 2장.hwpx 📄 완성된 파일 : 2장(완성).hwpx

글자색이 알록달록 하니 더 잘보이네요!

토마토 그림도있네~

글자 서식과 그리기마당으로 꾸며줄수 있어요.

멋쟁이 토마토

울퉁 불퉁 멋진 몸매에

빨간 옷을 입고 ♬

♥ 새콤 달콤 향내 풍기는 ♥

멋쟁이 토마토

나는야 케첩 될거야

 나는야 주스 될거야

나는야 춤을 출거야

뽐내는 토마토 ✌

창의력 쑥쑥

■ 토마토는 케첩과 토마토 주스로도 만들어지네요. 왼쪽 재료로 만들어질 음식을 연결해주세요.

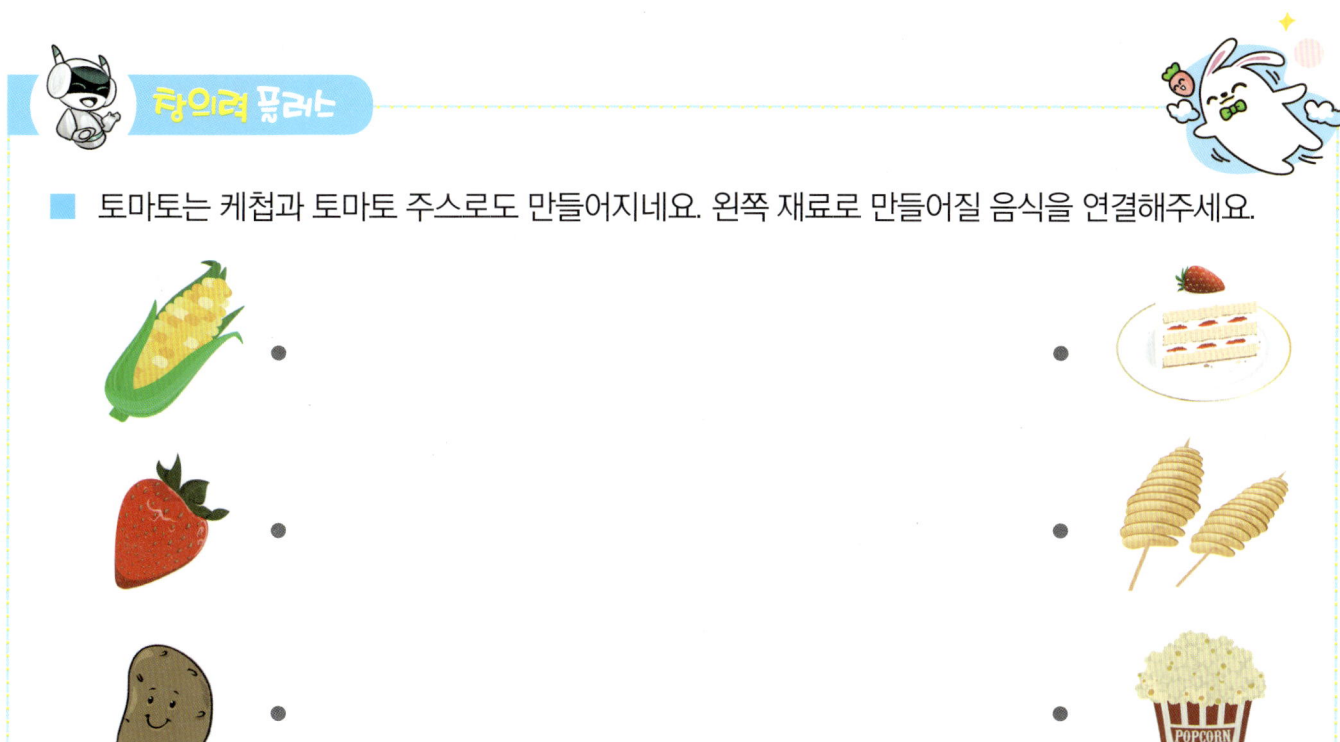

01 알록달록 색깔 옷을 입혀요!

1 '2장.hwpx' 파일을 불러온 다음 '울퉁'을 블록으로 하고, [글자 색()]을 '보라'로 선택해요.
➡ [파일] 탭-[열기]-[찾아보기]-[2일차]

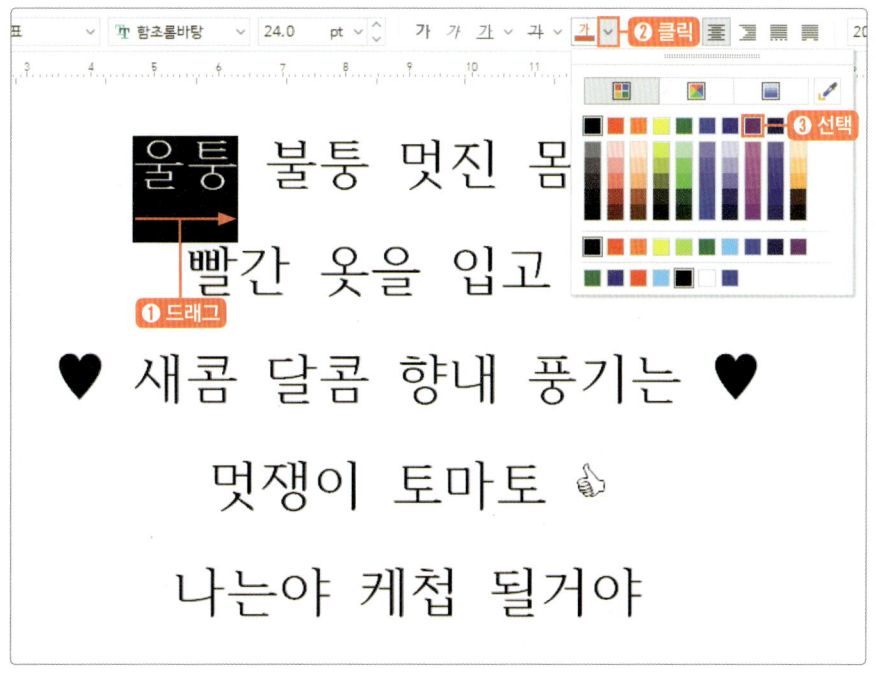

힌트: 글자색은 [테마 색상표]-[오피스]를 선택해요.

CHAPTER 02 토마토들의 신나는 댄스파티! **013**

2 블록이 지정된 상태에서 '진하게(가)'를 클릭해요.

➡ [서식 도구 상자]

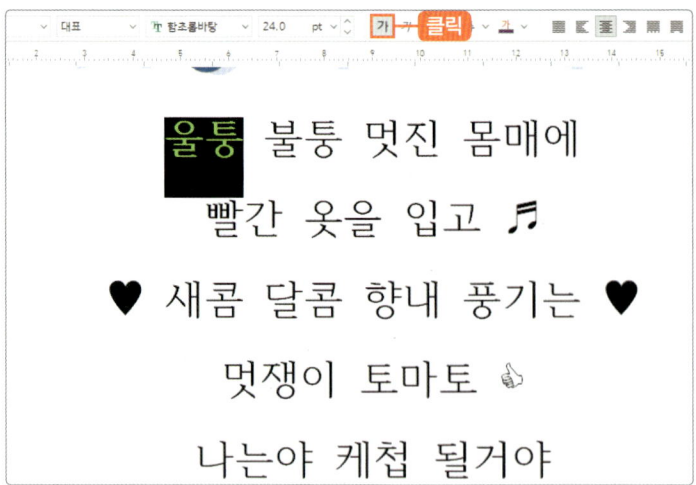

3 같은 방법으로 '불퉁'의 글자 색을 '초록'으로 변경하고 '진하게'를 클릭해요.

➡ [서식 도구 상자]

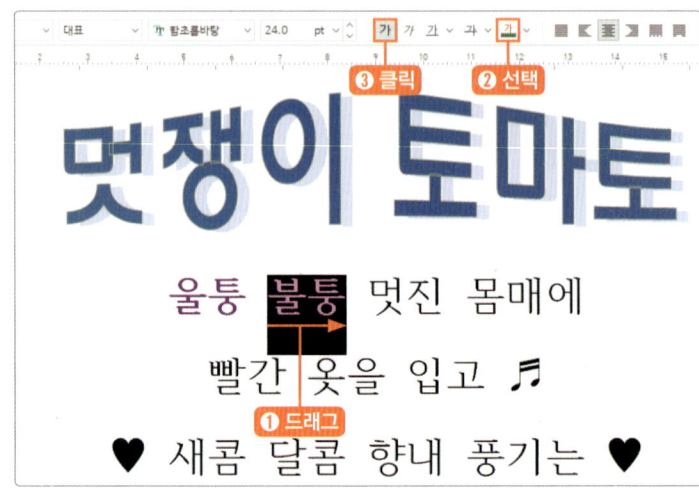

02 글자에 마법을 걸어볼까요?

1 '빨간 옷'을 블록으로 지정한 다음 '외곽선(가)'을 클릭하고, [글자 색]을 '빨강'으로 선택해요.

➡ [마우스 오른쪽 단추]-[글자 모양]-[기본] 탭

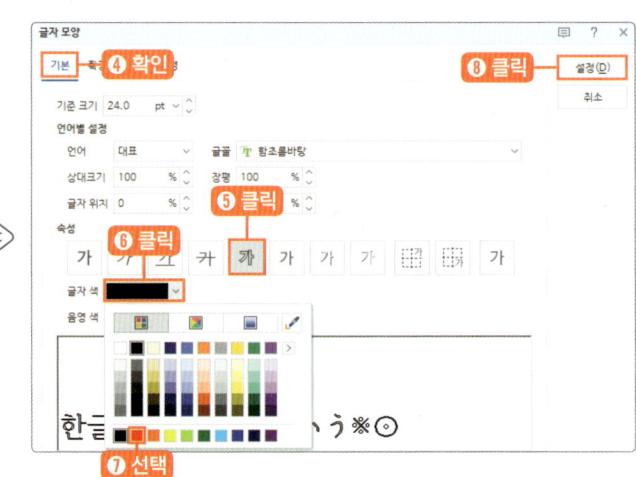

2. '멋쟁이 토마토'를 블록으로 지정한 다음 '기울임(가)' 및 '밑줄(가)'을 클릭해요.

▶ [마우스 오른쪽 단추]-[글자 모양]-[기본] 탭

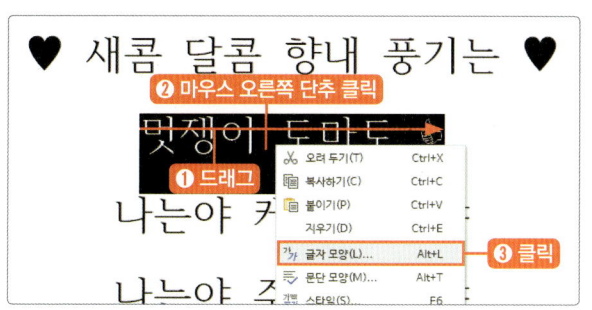 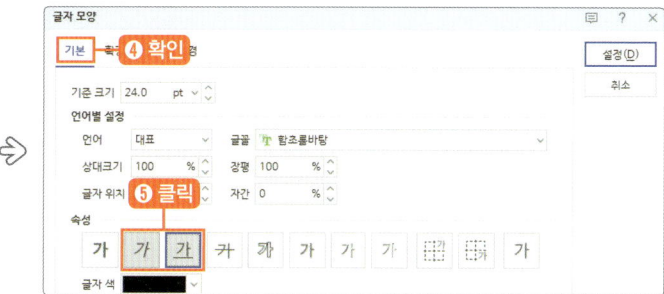

3. '강조점'을 클릭하여 '두 번째 강조점( )'을 클릭해요.

▶ [마우스 오른쪽 단추]-[글자 모양]-[확장] 탭

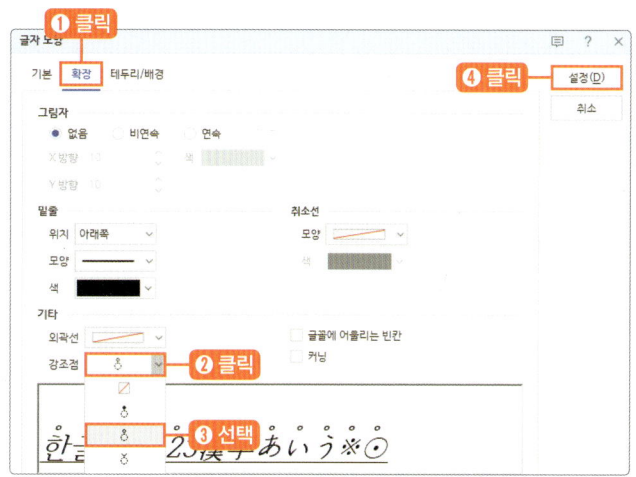

4. '나는야 케첩 될거야'를 블록으로 지정한 다음 '글꼴(HY바다M)', 글자 색 (빨강)', 음영 색(노랑)'으로 선택해요.

Esc 키를 눌러 모든 선택을 해제한 후, 변경된 부분을 확인해요.

▶ [마우스 오른쪽 단추]-[글자 모양]-[기본] 탭

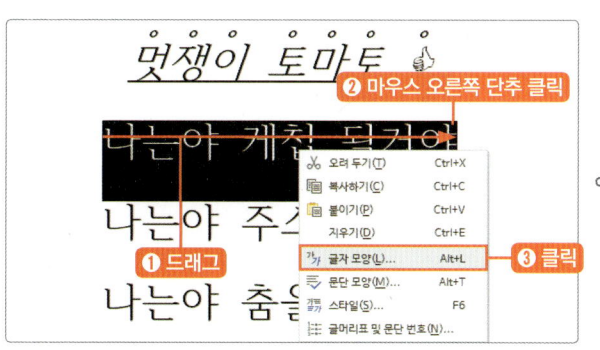 

 대화상자

[글자 모양] 대화상자에서는 '글꼴, 글자 크기, 글자 색' 등을 한 번에 변경할 수 있어요. 또한, [서식 도구 상자]나 [서식]-[글자] 그룹에서는 [서식 도구 상자]에서 작업할 수 없는 '강조점', '음영 색' 등을 지정할 수 있어요.

03 그림으로 놀아보자, 그리기 마당 속으로 풍덩!

1 [그리기마당()]을 클릭한 다음 <클립아트 다운로드> 단추를 클릭해요.

➡ [입력] 탭-[그림]-[그리기마당]

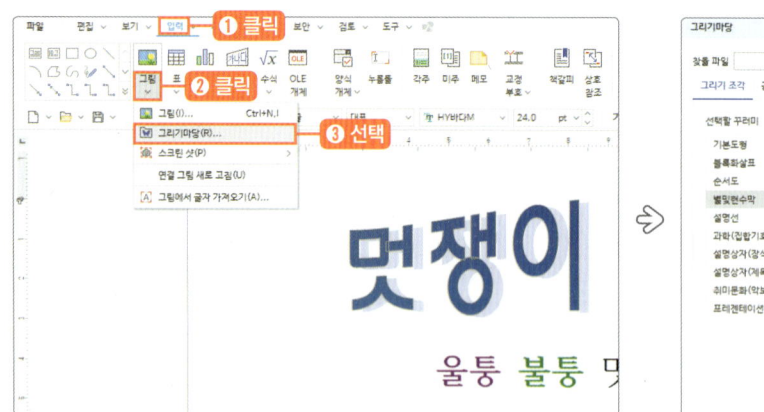 

2 '토마토'를 입력하고 Enter 키를 누른 다음 <내려받기( )> 단추를 클릭해요.

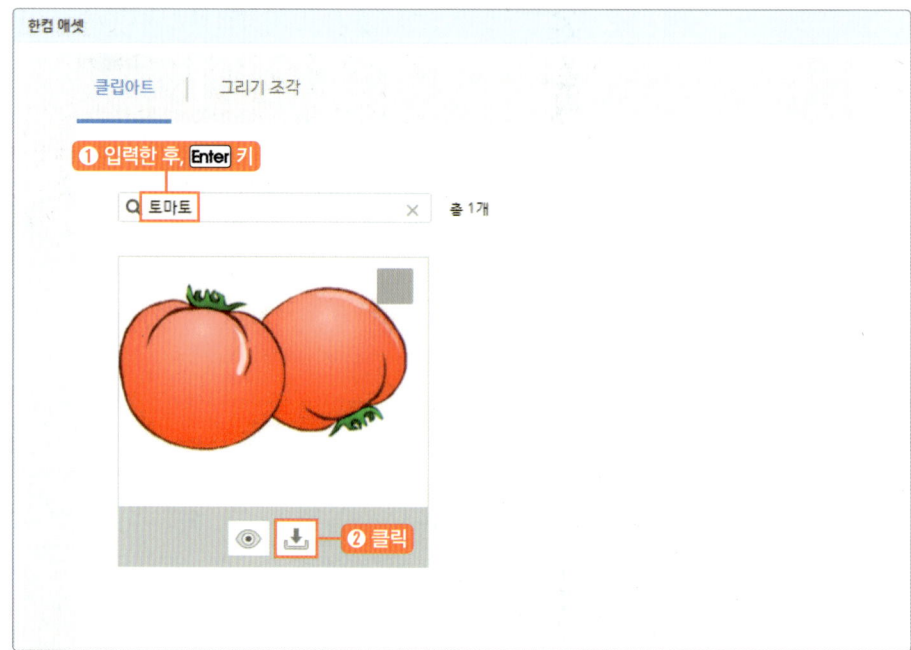

3 '토마토' 이미지를 본문에 입력해요.
➡ [내려받는 그리기마당]-[공유 클립아트]-[토마토] 이미지 선택-<넣기> 단추 클릭

4 마우스 커서가 ✥ 모양으로 변경되면 드래그하여 클립아트를 입력해요.

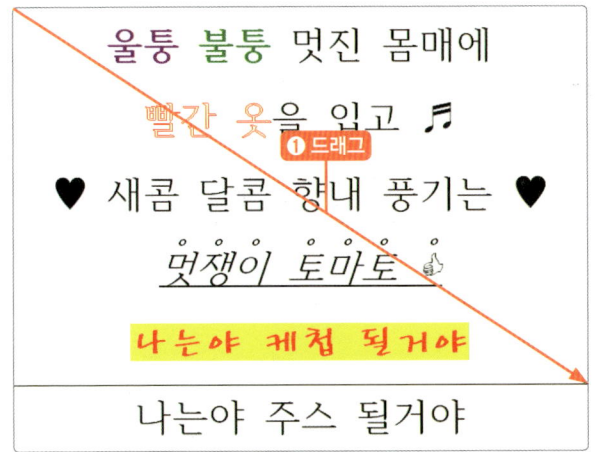 

5 조절점(●)을 드래그하여 적당한 크기로 조절해요.

Shift 키를 누른 채 조절점(●)을 드래그하면 가로, 세로 비율을 일정한 크기로 조절할 수 있어요.

CHAPTER 02 토마토들의 신나는 댄스파티! **017**

6 '토마토'를 드래그하여 그림과 같이 위치를 오른쪽으로 이동해요.
➡ '토마토' 더블클릭-[기본] 탭-[위치]-[본문과의 배치]-[글 앞으로(　)]

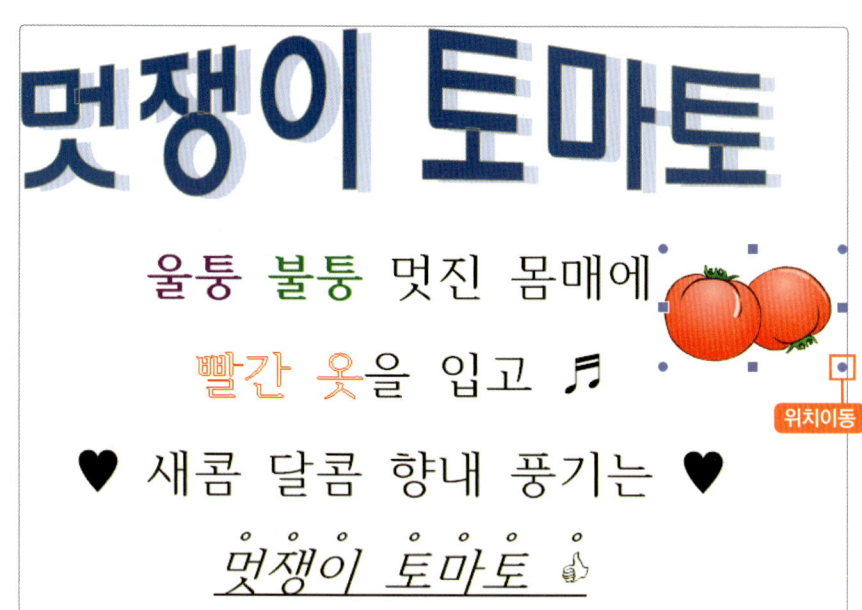

7 같은 방법으로 '주스' 클립아트를 입력해요.

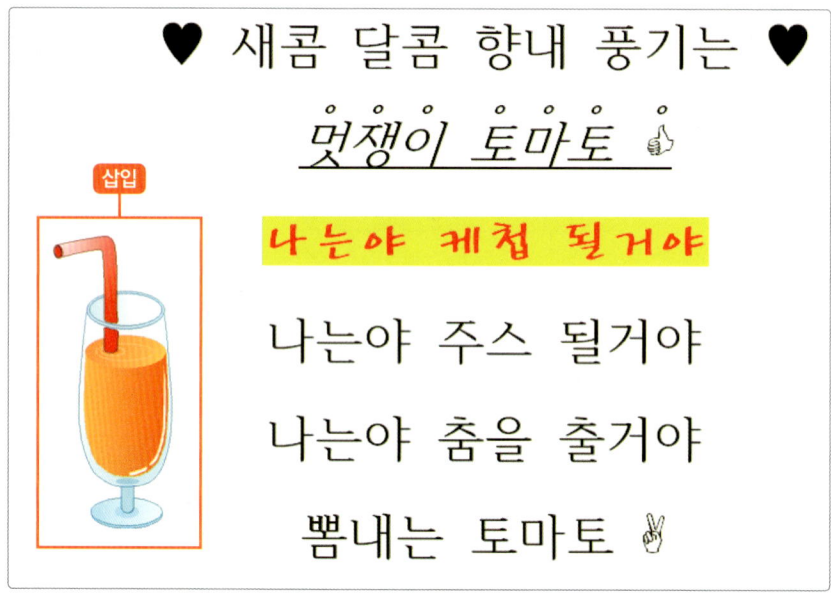

8 '토마토-2(홍길동)'으로 저장해요.
➡ [파일] 탭-[다른 이름으로 저장]

CHAPTER 02

혼자서 뚝딱뚝딱

📁 **불러올 파일** : 2장_혼자서.hwpx 💾 **완성된 파일** : 2장_혼자서(완성).hwpx ☐ 지금하기 ☐ 나중에 하기

1 [글자 모양] 대화상자를 이용하여 그림과 같이 글자 서식을 변경해요.
➡ 나는야 주스 될 거야 : 글꼴(HY나무B), 글자 색(초록), 음영 색(보라 80% 밝게)
➡ 나는야 춤을 출거야 : 글꼴(한컴 바겐세일 B), 글자 색(노랑), 음영 색(보라)
➡ 뽐내는 토마토 : 글자 색(주황), 진하게, 강조점(세 번째 강조점)

CHAPTER 02 토마토들의 신나는 댄스파티! **019**

CHAPTER 03 나만의 아바타를 만들어보자!

학습목표
- 그림으로 배우는 재미있는 이야기!
- 알록달록 나만의 멋진 작품을 만들어봐요!

 배울 내용 미리보기!

📁 불러올 파일 : 3장.hwpx   📁 완성된 파일 : 3장(완성).hwpx

짜잔~! 교복입기

그림넣기 그리기마당으로 옷을 바꿔입었군요. OK

창의력 풍러는

■ 얼굴에 눈, 코, 입 모양으로 표정을 나타낼 수 있어요.
당황, 즐거움, 슬픔, 놀람 등의 다양한 표정을 그려봐 주세요.

01 그림으로 이야기를 만들어 볼까?

1 '3장.hwpx' 파일을 불러와요.
➡ [파일] 탭-[불러오기]-[불러올 파일]-[3장]

2 '머리1.png' 파일을 선택해요.
➡ [입력] 탭-[그림( )]-[불러올 파일]-[3장]

CHAPTER 03 나만의 아바타를 만들어보자! **021**

3 그림을 넣고하는 위치에 배치한 다음 조절점(●)을 드래그하여 크기를 조절해요.
➡ [그림( )] 탭-[글 앞으로( )]

4 '머리2.png' 파일을 선택해요.
➡ [입력] 탭-[그림( )]-[불러올 파일]-[3장]

5 그림을 넣고하는 위치에 배치한 다음 조절점(●)을 드래그하여 크기를 조절해요.
➡ [그림( )] 탭-[글 앞으로( )]

글자처럼 취급이 체크가 되어 있으면, 체크를 해제해요.

키보드 방향키(↑,↓,←,→)를 이용하면 그림의 위치를 세밀하게 조절할 수 있어요.

02 그림을 똑같이 만들어 볼까? 마법 같은 복사와 개체 묶기!

1 '표정.png' 파일을 선택해요.
➡ [입력] 탭-[그림()]-[불러올 파일]-[3장]

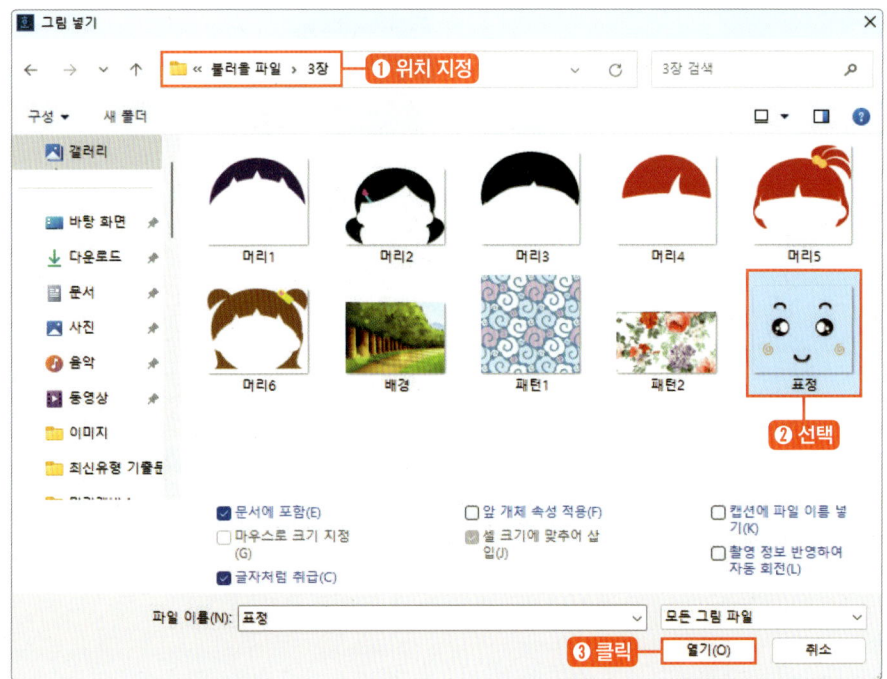

CHAPTER 03 나만의 아바타를 만들어보자! **023**

2 조절점(●)을 드래그하여 크기를 조절한 후, 그림과 같이 위치를 변경해요.

표정 그림이 보이지 않을 경우 그림 배치에서 '글 앞으로(🖼)'를 선택해요.

3 Ctrl + Shift 키를 누른 채 '표정' 그림을 오른쪽으로 드래그하여 복사해요.

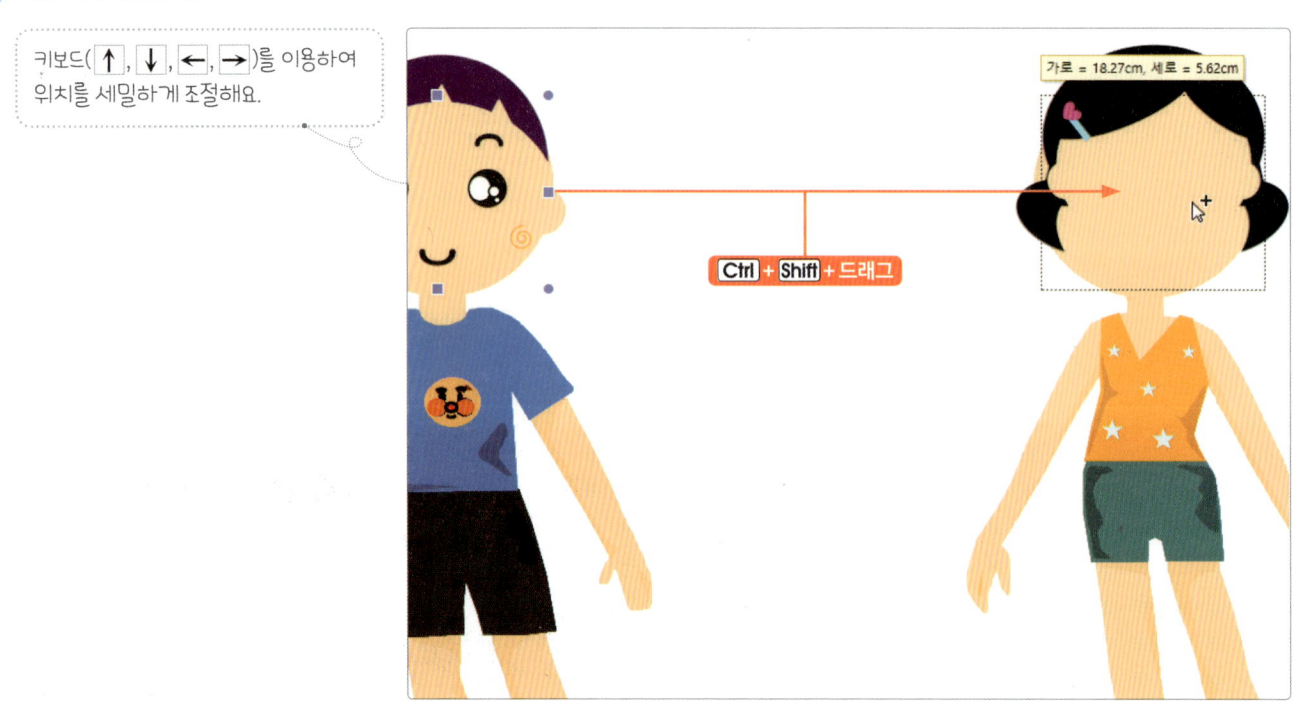

키보드(↑, ↓, ←, →)를 이용하여 위치를 세밀하게 조절해요.

4 드래그하여 그림을 모두 선택하고 '개체 묶기'를 실행해요.

➡ [편집] 탭-[개체 선택( )]-전체 선택-마우스 오른쪽 단추 클릭-[개체 묶기]-<실행> 단추 클릭

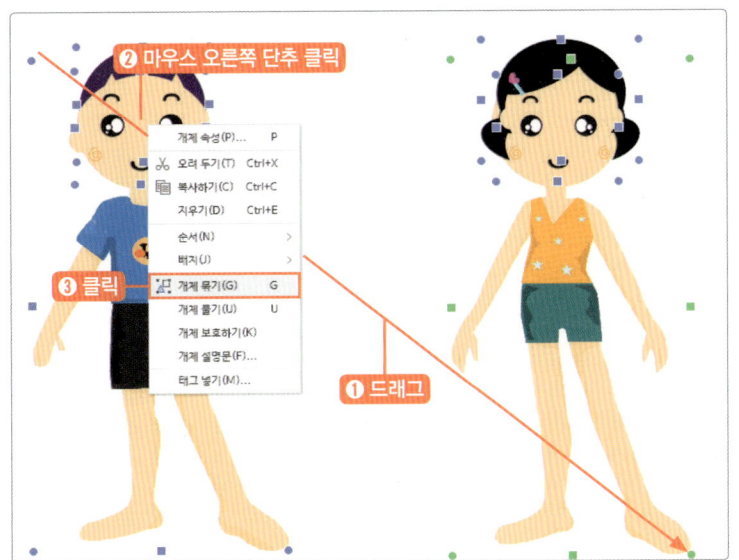
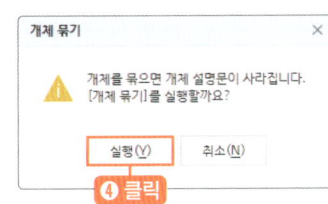

힌트 | 개체 묶기

작업이 복잡한 경우 여러 개의 개체들을 선택하여 [개체 묶기]로 그룹을 지정하면 다음 작업을 좀 더 쉽게 작업할 수 있습니다.

03 우리 그림에 멋진 배경을 넣어볼까? 상상 속 세상을 펼쳐보자!

1 '배경.jpg' 파일을 선택해요.

➡ [쪽] 탭-[쪽 테두리/배경()]-[배경]-[그림] 체크 ➡ [불러올 파일]-[3장]

CHAPTER 03 나만의 아바타를 만들어보자! **025**

2 [그림]의 밝기(30), 대비(-10)을 입력해요.

3 '아바타-1(홍길동)'으로 저장해요.
➥ [파일] 탭-[다른 이름으로 저장]

📁 **불러올 파일** : 3장_혼자서.hwpx   💾 **완성된 파일** : 3장_혼자서(완성).hwpx

☐ 지금하기   ☐ 나중에 하기

1 그리기마당을 이용하여 아래 그림과 같이 아바타를 예쁘게 꾸며봐요.

➡ [입력] 탭-[그리기마당(M)]-<클립아트 다운로드> 단추 클릭-'남자교복하의' 선택해요

➡ 똑같은 방법으로 '남자재킷, 남자운동화, 미니스커트, 카디건, 여자구두, 가방'을 순서대로 그림과 같이 입력해요.

CHAPTER 03 나만의 아바타를 만들어보자! **027**

CHAPTER 04 내 마음대로 꾸미는 멋진 아바타

학습목표
- 내 그림 속 친구들에게 예쁜 옷을 입혀줄까?
- 도형을 요리조리 변신시켜 볼까? 대칭 마법사가 되어보자!

■ 불러올 파일 : 4장.hwpx   ■ 완성된 파일 : 4장(완성).hwpx

창의력 쑥쑥

■ 우주선 그림을 따라 그려 볼까요? 똑같이 그리지 않아도 괜찮아요.
   나만의 우주선을 그려 보아요.

01 내 그림 친구들, 예쁘게 꾸며줄까?

1. '4장.hwpx' 파일을 불러온 다음 왼쪽 아바타(남자)의 자켓의 채우기를 채워요.

   ➡ 왼쪽 아바타(남자)의 자켓 클릭-마우스 오른쪽 단추 클릭-[개체 속성]-[채우기] 탭-[그림] 체크-[열기()]-[불러올 파일]-[4장]

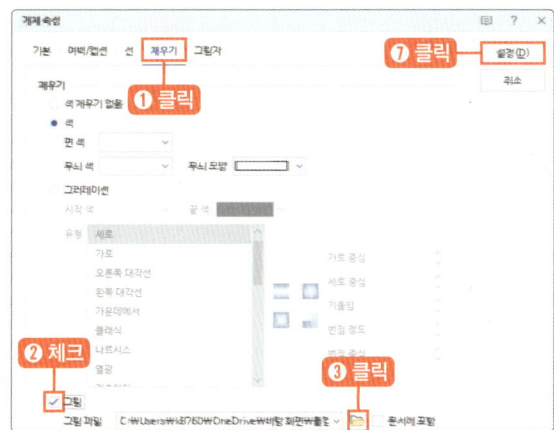 

02 상상 속 친구들을 그리기 마당에 초대해 볼까?

1 그리기마당에서 '말풍선03'을 선택해요.

➡ [입력] 탭-[그림]-[그리기마당(🦋)]-[찾을 파일]-'말풍선' 입력-<찾기(🔍)> 클릭

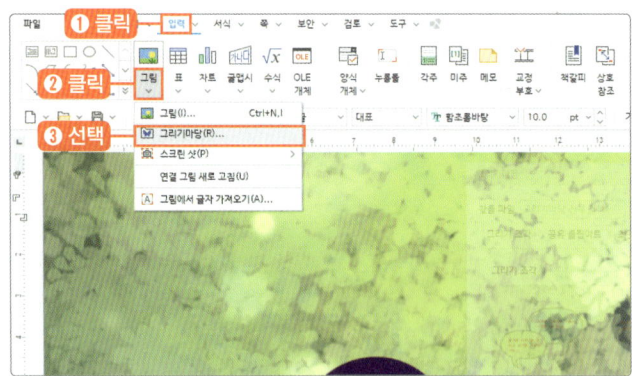

2 마우스 커서가 ✛ 모양으로 변경되면 클립아트를 입력하고 '좌우'를 바꿔줘요.

➡ [도형] 탭의 [회전(◎)]-[좌우 대칭(DD)]

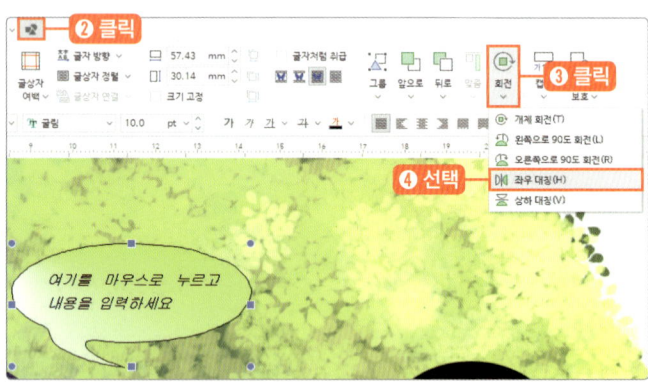

3 말풍선 안에 내용을 입력("안녕? 어디가니?")하고 글자 속성을 변경해요.

➡ [서식 도구 상자]-'글꼴(HY엽서M), 글자 크기(20pt), 가운데 정렬(≡)'

'안녕?'을 입력한 후, Enter 키를 눌러 아래쪽으로 한 줄을 바꿔줘요.

서식 지정이 끝나면 Esc 또는 빈 곳을 클릭하여 입력을 끝내줘요.

4 '아바타-2(홍길동)'으로 저장해요.

➡ [파일] 탭-[다른 이름으로 저장]

📁 불러올 파일 : 4장_혼자서.hwpx 💾 완성된 파일 : 4장_혼자서(완성).hwpx

1 오른쪽 아바타(여자)의 카디건에 그림을 채워 봅니다.
➡ [불러올 파일]-[4장]-'패턴2'

모든 그림은 '문서에 포함'을 체크합니다.

2 말풍선 안에 내용을 입력("나는 영화관에 가는 중이야!")하고 글자 속성 및 신발 색을 '빨강'으로 변경해요.
➡ [서식 도구 상자]-'글꼴(HY엽서M), 글자 크기(18pt), 가운데 정렬(≡)'

CHAPTER 04 내 마음대로 꾸미는 멋진 아바타

CHAPTER 05
이번 주 날씨는 어떨까?

학습목표
- 내가 만든 표로 정리해 볼까? 깔끔하게 쏙쏙!
- 내가 만드는 날씨 달력, 매일매일 확인해보자!

 **배울 내용 미리보기!** 📁 불러올 파일 : 5장.hwpx   📄 완성된 파일 : 5장(완성).hwpx

주간날씨		
토	☀	30
일		27
월		26
화		26
수		28

창의력 플러스

■ 날씨 표시를 내 마음대로 표현해보면 어떨까요?

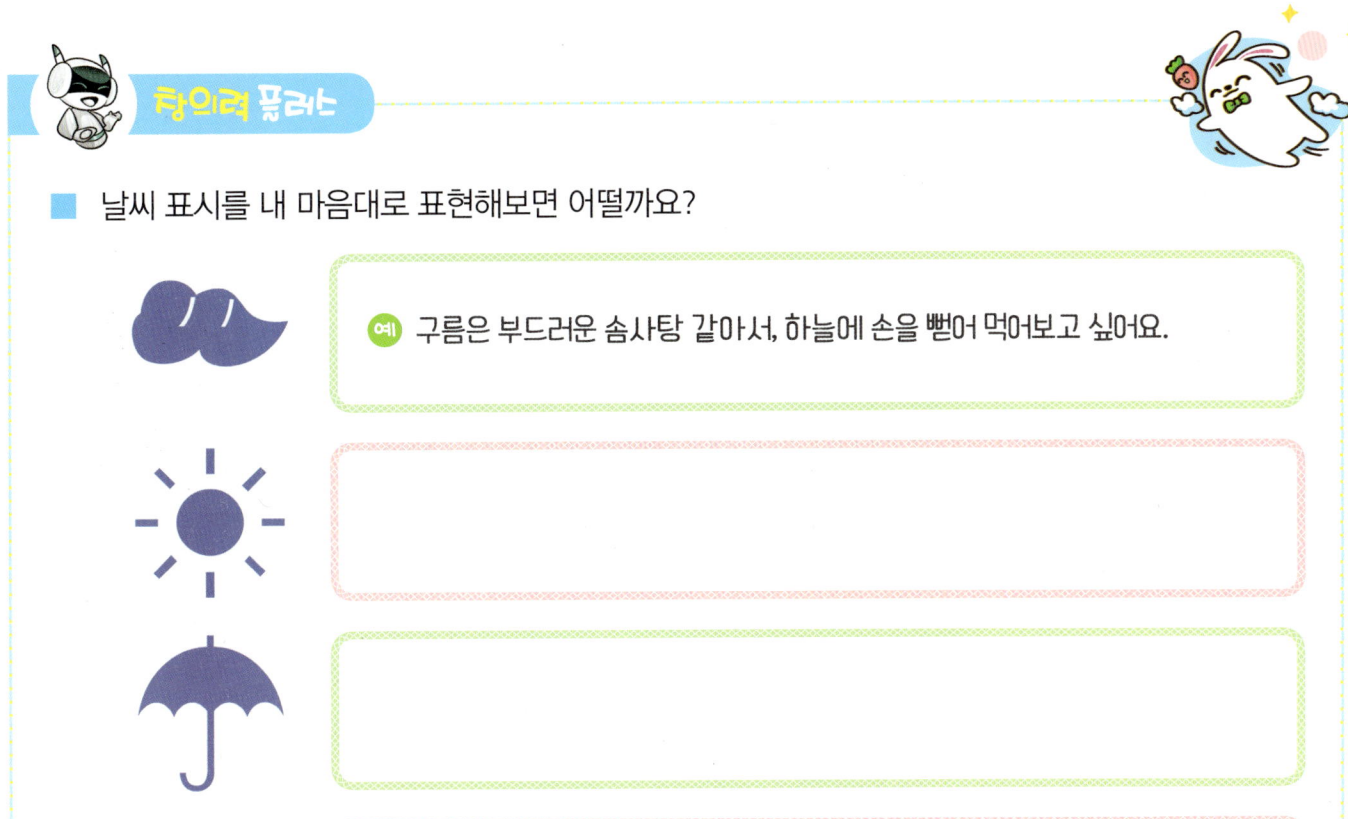

예) 구름은 부드러운 솜사탕 같아서, 하늘에 손을 뻗어 먹어보고 싶어요.

---

01 내 손으로 뚝딱! 멋진 표를 만들어 볼까?

1 '5장.hwpx' 파일을 불러온 다음 표를 '줄 개수(6), 칸 개수(3)'으로 만들어요.

➡ [파일] 탭-[불러오기()]-[불러올 파일]-[5장]
➡ [입력]-[표()]

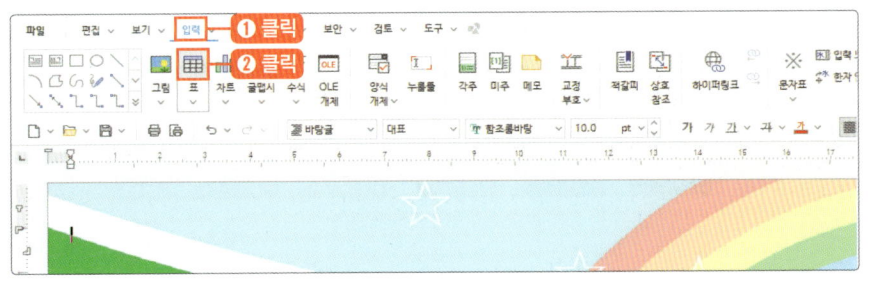

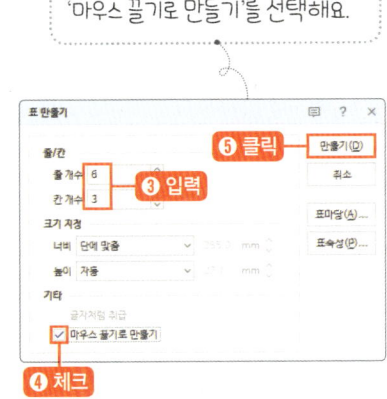

'마우스 끌기로 만들기'를 선택해요.

CHAPTER 05 이번 주 날씨는 어떨까? **033**

2 표의 위치를 왼쪽 편으로 드래그하여 위치 및 크기를 조절해요.

3 표를 클릭한 다음 표 디자인을 '보통 스타일1-노란 색조'를 선택해요.
➡ [표 디자인( )] 탭-자세히( )> 단추 클릭-[보통]

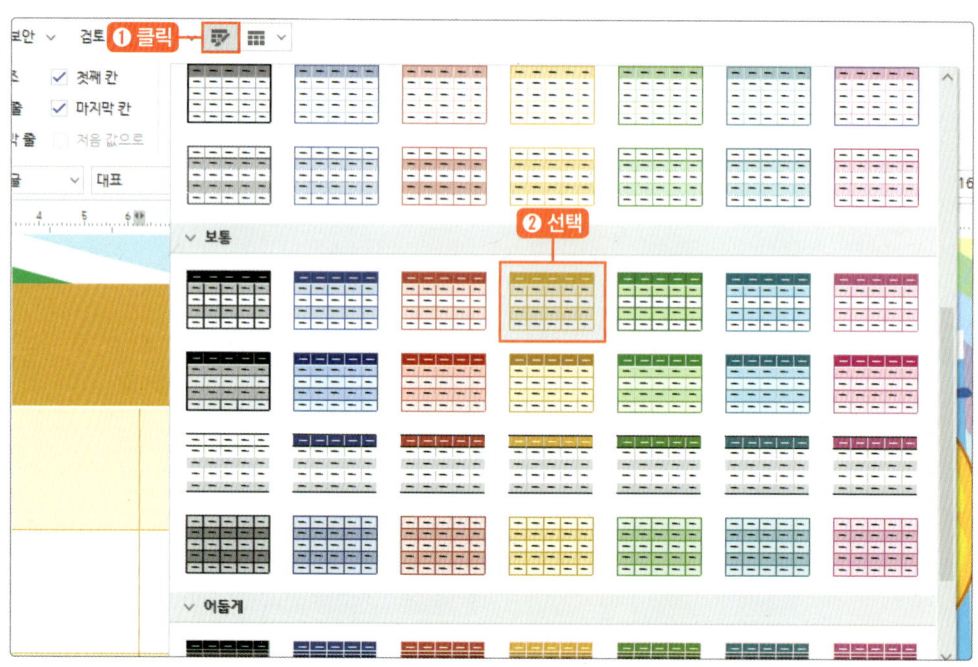

4 블록이 지정된 셀에 '셀 합치기'를 클릭해요.
➡ 마우스 오른쪽 단추 클릭-[셀 합치기]

02 내가 쓴 글자, 예쁘게 꾸며볼까? 마법 같은 변화를 느껴봐!

1 글자를 입력해요.

2. 표 전체 블록을 지정한 후, 글자 속성을 변경해요.
- [서식 도구 상자]-'글꼴(HY수평선B), 글자 크기(24pt), 가운데 정렬(≡)'
- 두 번째 줄 글자 색(파랑), 세 번째 줄 글자 색(빨강)

03 신기한 문자 나라로 떠나볼까? 문자표를 탐험하자!

1. '토'와 '30'의 가운데 칸을 클릭한 다음 [문자표]을 입력해요.
- 마우스 오른쪽 단추 클릭-[문자표]-[유니코드 문자표] 탭-[문자 영역]-[여러 가지 기호]-

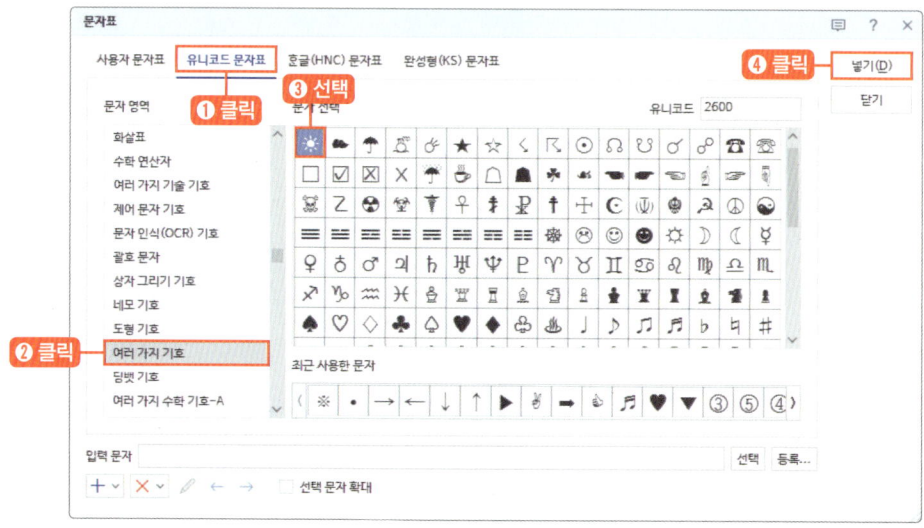

2. '주간날씨(홍길동)'으로 저장해요.
- [파일] 탭-[다른 이름으로 저장하기]

📁 불러올 파일 : 5장_혼자서.hwpx   💾 완성된 파일 : 5장_혼자서(완성).hwpx   ☐ 지금하기 ☐ 나중에 하기

1 ☂ - ☂ - 〰 - ☀ 순서대로 가운데 칸(셀)에 문자표를 입력해 보세요.

2 문자표가 입력되면 가운데 셀만 글자 크기(48pt)를 지정해요.

CHAPTER 06
우리 모두 함께 지켜요!

학습목표
- 내가 만드는 종이, 어떻게 꾸밀까? 편집 마법사가 되어보자!
- 우리 함께 만드는 동그라미, 멋지게 꾸며볼까?

 배울 내용 미리보기!

📂 불러올 파일 : 없음   📄 완성된 파일 : 6장(완성).hwpx

1. 영어 단어도 하나씩 적어보면 어렵지 않아요. "너를 사랑해"라는 말과 같은 의미의 "LOVE YOU"를 차근차근 적어보세요.

2. 자동차와 버스를 타거나 또는 자동차, 버스, 오토바이가 우리 곁을 지날 때 어떻게 해야하나요? 조심하여야 하는 부분을 생각하고 적어보아요.

01 내 종이에 마법을 걸어볼까? 편집 용지로 변신!

1 한글 2022를 실행한 후, F7 키를 눌러요.

➡ [기본] 탭-[용지 방향(가로(▢))]-[용지 여백(위쪽(5mm), 머리말(5mm), 아래쪽(5mm), 꼬리말(5mm), 왼쪽(5mm), 오른쪽(5mm)]

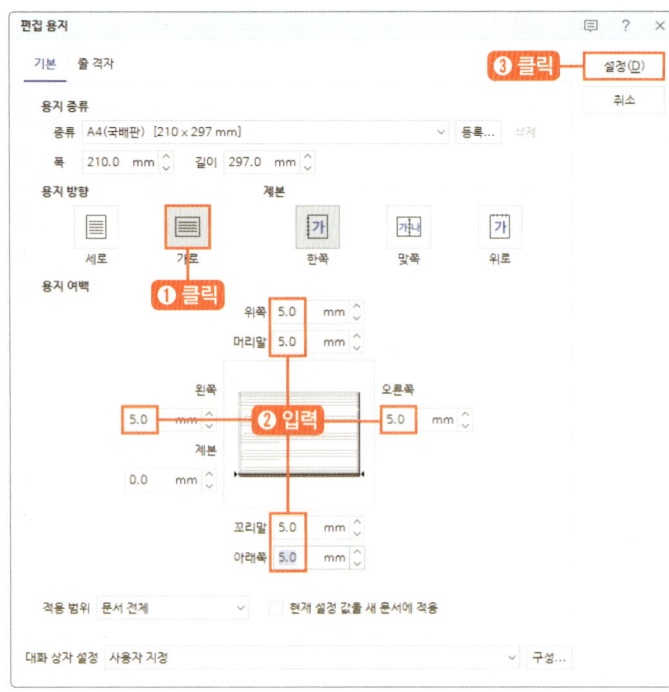

02 내가 만든 글씨, 반짝반짝 빛나게 해볼까?

1 '채우기 – 자주색 그러데이션, 회색 그림자, 직사각형 모양' 글맵시를 선택해요.

➡ [입력] 탭-[글맵시(가나다)]에서 글맵시를 클릭

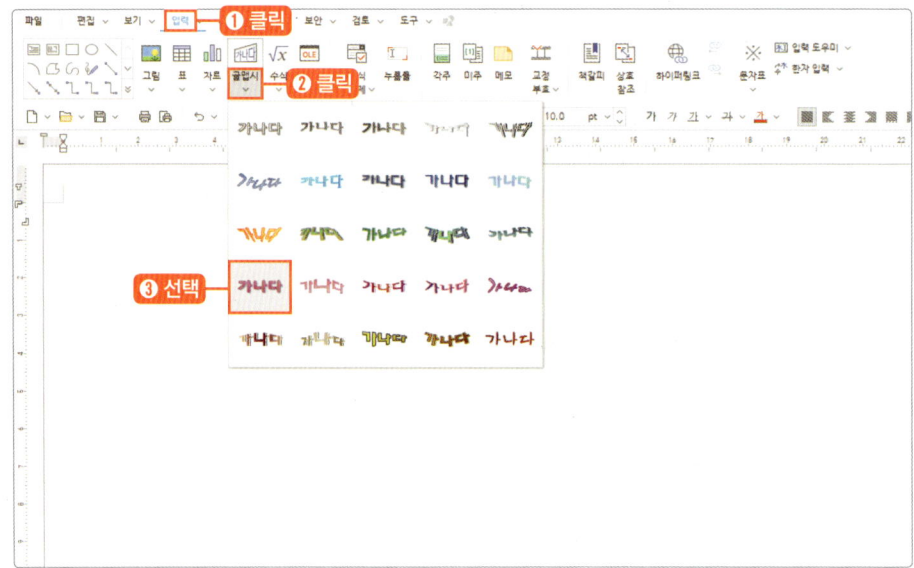

2. [글맵시 만들기] 대화상자에서 내용을 입력하고 모양을 변경해요.
➡ 내용(친구사랑 학교사랑 작은관심 커다란힘)-글맵시 모양(한 줄 원형 1(○))

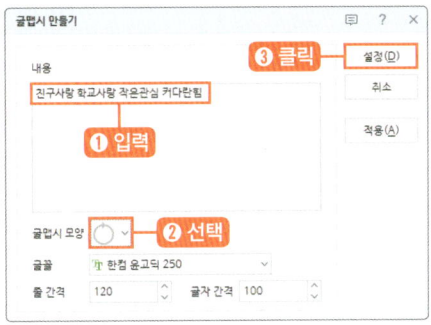

3. 글맵시를 더블 클릭한 다음 [개체 속성] 대화상자가 나오면 크기 및 위치를 지정해요.
➡ [기본] 탭-[크기(너비(250mm), 높이(170mm))]-[위치(글자처럼 취급을 체크)]

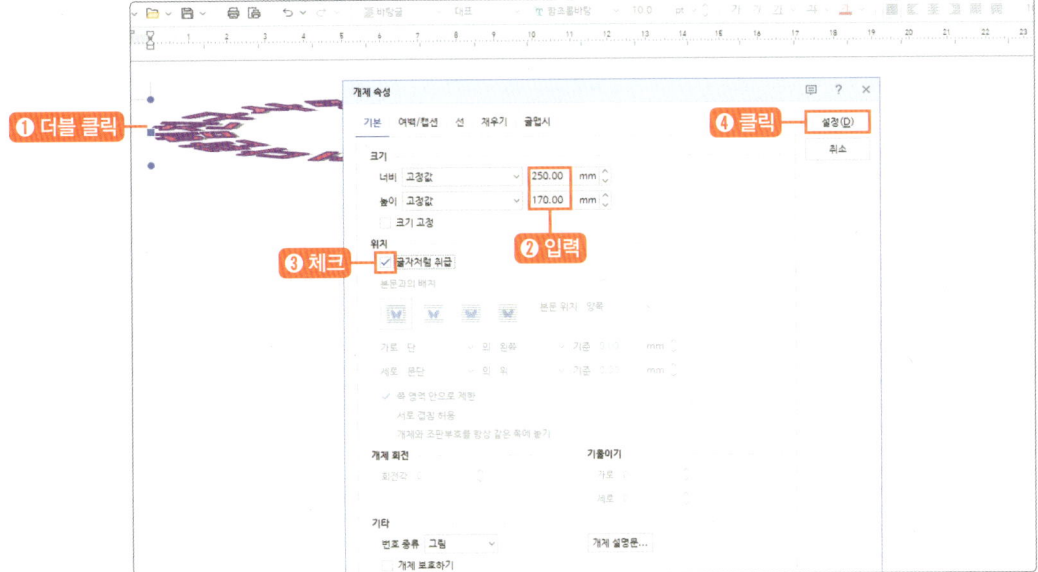

03 상상 속 친구들을 그리기 마당에 초대해 볼까?

1. [그리기 마당]에서 '웃는 얼굴'을 선택해요.
➡ [입력] 탭-[그림]-[그리기마당]-검색 창에서 '얼굴'을 입력-<찾기> 단추 클릭-'웃는 얼굴' 선택

CHAPTER 06 우리 모두 함께 지켜요! **041**

2 마우스 커서가 ┼ 모양으로 변경되면 드래그하여 입력하고 크기 및 위치를 조절해요.

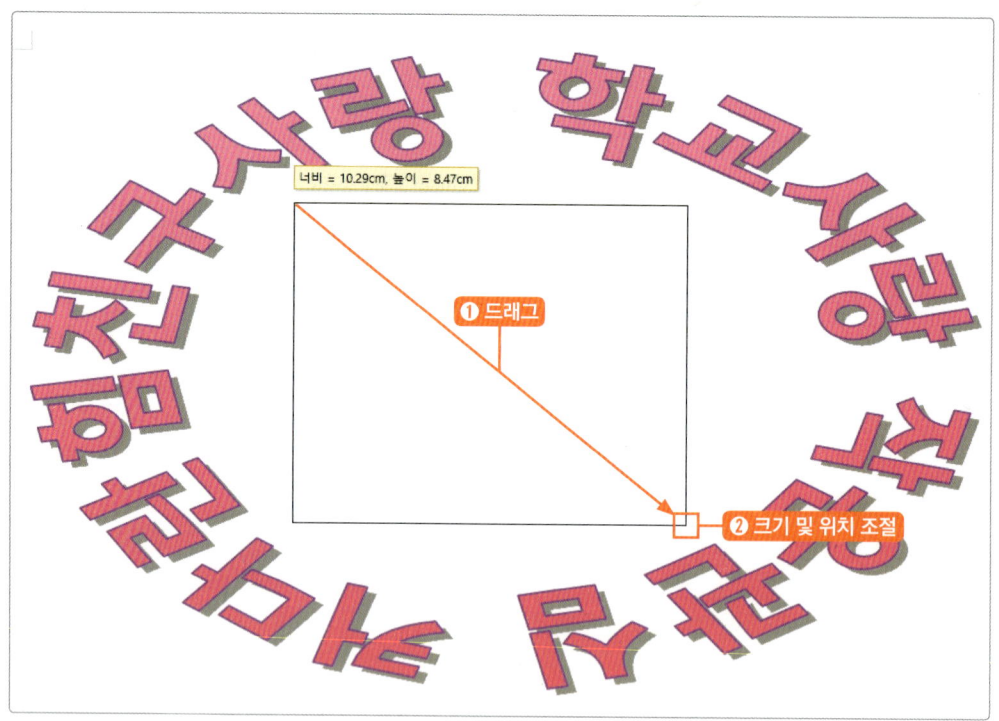

3 '원형 표어(홍길동)'으로 저장해요.
➡ [파일] 탭-[다른 이름으로 저장]

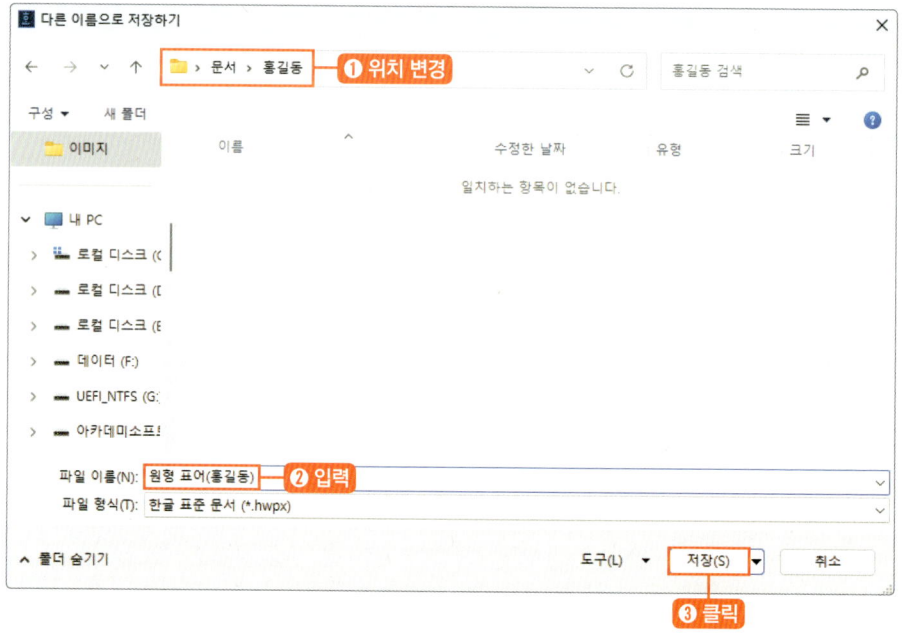

CHAPTER 06 혼자서 뚝딱뚝딱

📁 불러올 파일 : 없음   💾 완성된 파일 : 6장_혼자서(완성).hwpx   ☐ 지금하기 ☐ 나중에 하기

1 글맵시()를 이용하여 아래 그림과 같은 원형 표어를 만들어 봐요.

가운데 그림은 [그리기 마당]-[클립아트 다운로드]-'램프'

글맵시 모양에서 '두 줄 원형(◎)'을 선택하고 내용 입력은 다음과 같이 두 줄로 입력해요.

CHAPTER 06 우리 모두 함께 지켜요! **043**

CHAPTER 07 내가 만드는 첫 번째 책 표지

학습목표
- 꾸러미 속에서 보물찾기! 그리기 마당의 비밀 상자를 열어볼까?
- 내 글상자에 이야기를 담아볼까? 글상자 마법사가 되어보자!

 배울 내용 미리보기!

📁 불러올 파일 : 7장.hwpx   📁 완성된 파일 : 7장(완성).hwpx

"이건 자신있게 할수있어요"

오오! 잘 아는군요~

전래동화

| 개와 고양이 | 청개구리 |

해님 달님

창의력 풀러스

■ 새는 'ㅁ'로 공룡은 '◇'로 기호로 표시해주세요.

01 상상 속 세상을 그리기 마당에서 펼쳐볼까?

1 '7장.hwpx' 파일을 더블 클릭하여 한글 파일을 불러와요.

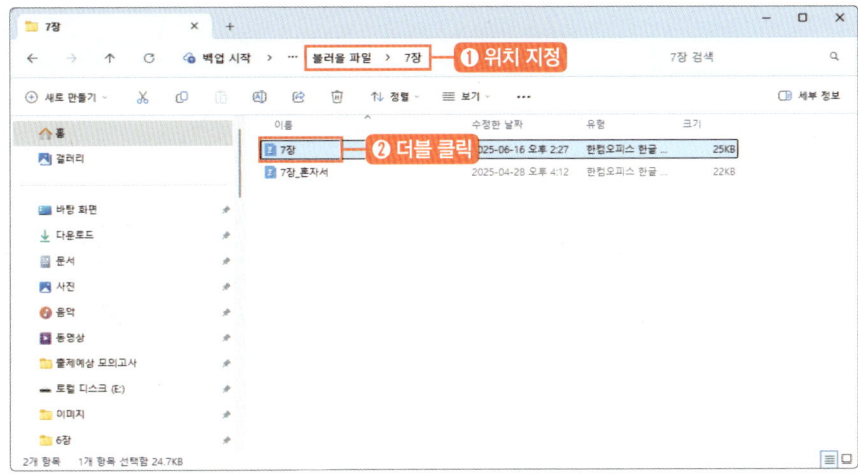

2 [그리기 마당(🦋)]에서 '개와 고양이'를 선택해요.
➡ [입력] 탭-[그림]-[그리기마당]-<클립아트 다운로드> 단추 클릭-'개와 고양이'를 검색한 후, 입력

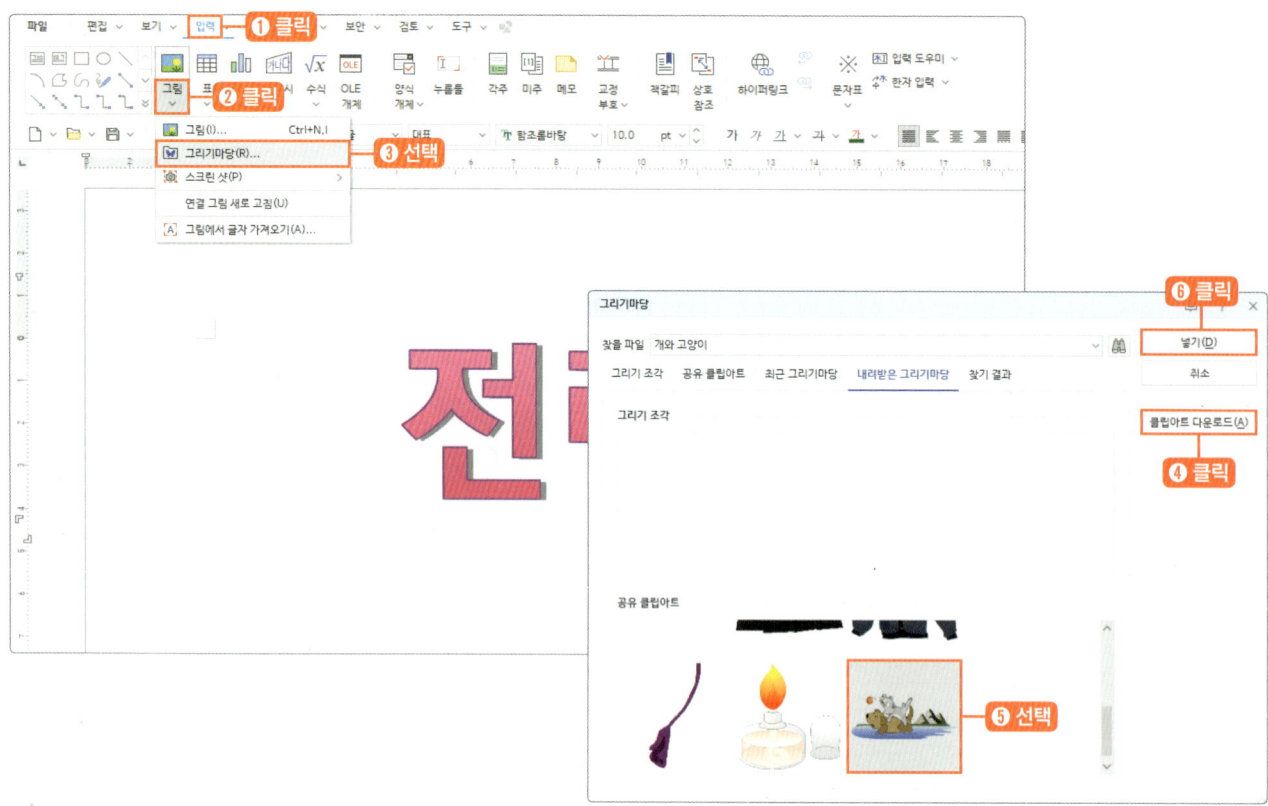

3 삽입한 이미지를 크기 및 위치를 조절하고, '청개구리' 와 '해님달님'도 그림을 보고 입력해요.

내 생각 상자를 만들어 볼까? 글상자에 쏙쏙 넣어보자!

1 '개와 고양이' 이미지 위에 글상자를 만들어요.
➡ [입력] 탭-[가로 글상자(㉠)]-'개와 고양이' 클립아트 위에서 드래그

2 글상자에 내용을 입력하고 [서식 도구 상자]를 이용해서 서식을 지정해요.
➡ 내용(개와 고양이)를 입력-'글꼴(한컴 윤고딕 250), 글자 크기(30pt), 글자 색(보라), 가운데 정렬'

글자 크기를 변경한 후, 글이 아래로 내려간 경우는 글상자 조절점을 이용하여 크게 만들어 줘요.

CHAPTER 07 내가 만드는 첫 번째 책표지 **047**

내 글상자에 이야기를 담아볼까? 글상자 마법사가 되어보자!

1 '청개구리' 이미지 위로 글상자를 복사해요.
➡ '개와 고양이' 글상자를 선택 Ctrl + Shift 키를 누른 채 '청개구리' 클립아트 위로 드래그

> 마우스 오른쪽 바로가기 메뉴 복사하기, 붙이기를 사용하여도 됩니다.
> Ctrl + Shift 키를 눌러 드래그하여 복사하면 같은 위치로 복사할 수 있어요.

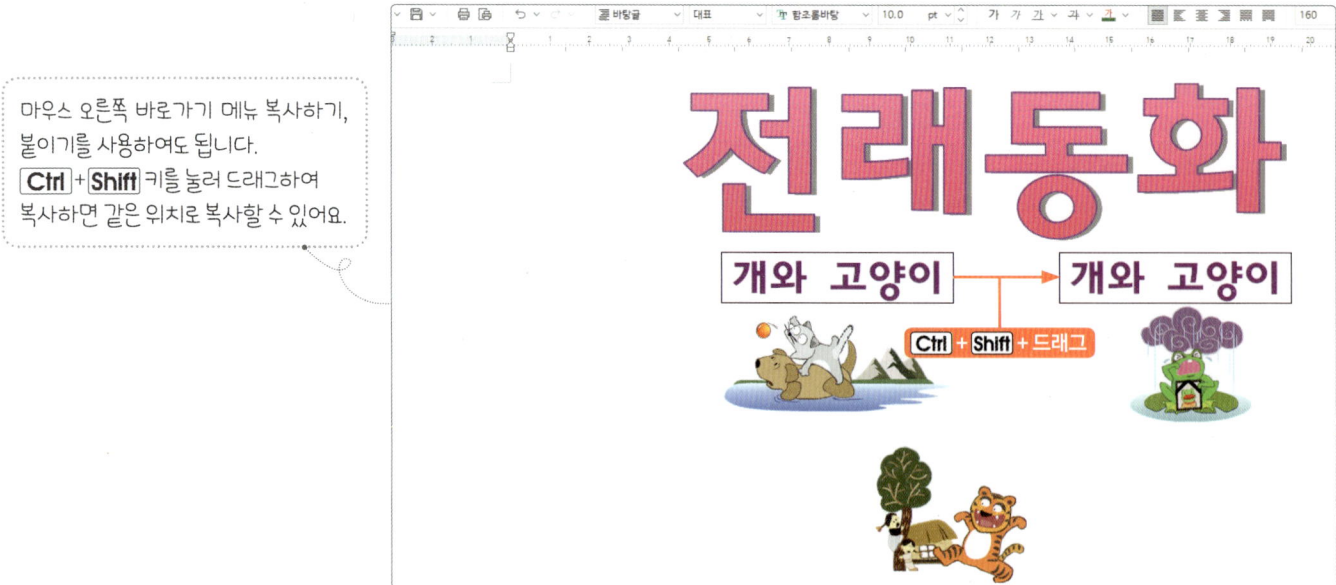

2 '청개구리'를 입력한 후, 적당한 크기와 위치를 조절해요.

> 똑같은 방법으로 '해님 달님' 글상자도 입력해요.

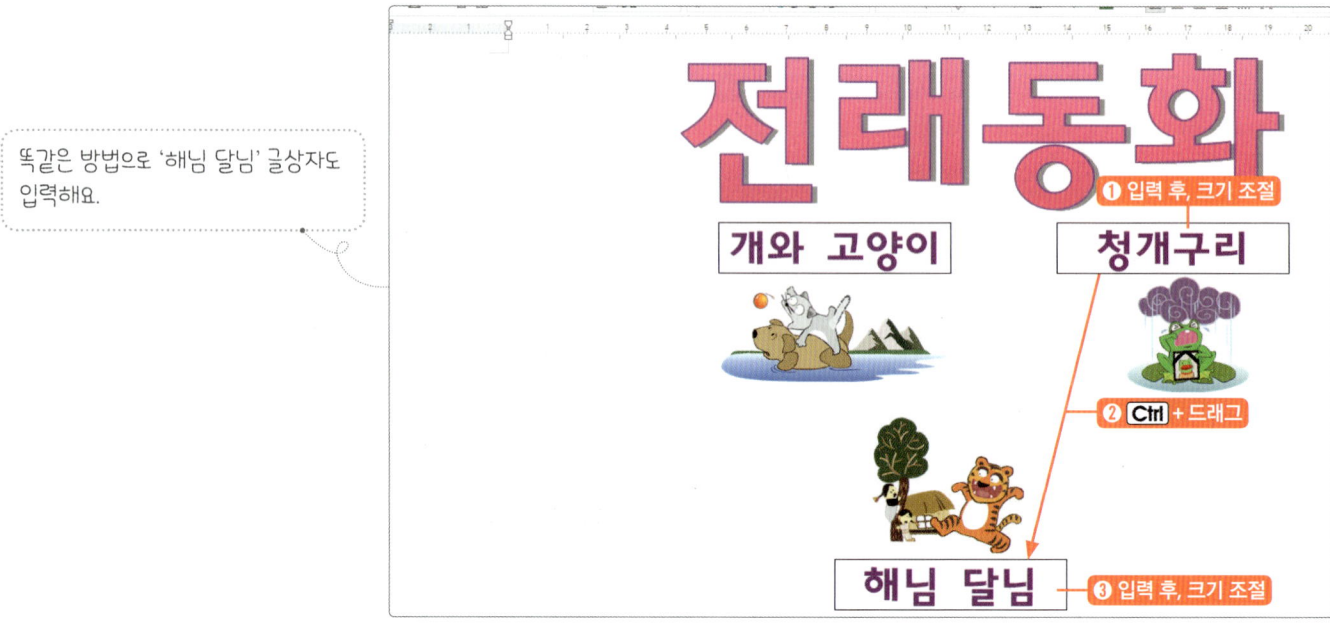

3 '전래동화(홍길동)'으로 저장해요.
➡ [파일] 탭-[다른 이름으로 저장]

불러올 파일 : 7장_혼자서.hwpx　　**완성된 파일 :** 7장_혼자서(완성).hwpx　　　☐ 지금하기　☐ 나중에 하기

1 7장_혼자서.hwpx 파일을 열어 아래 그림과 같은 작품을 완성해 보세요.

<〈클립아트 다운로드〉 단추 클릭- '게자리', '염소자리' '황소자리'를 각각 검색해서 다운로드>

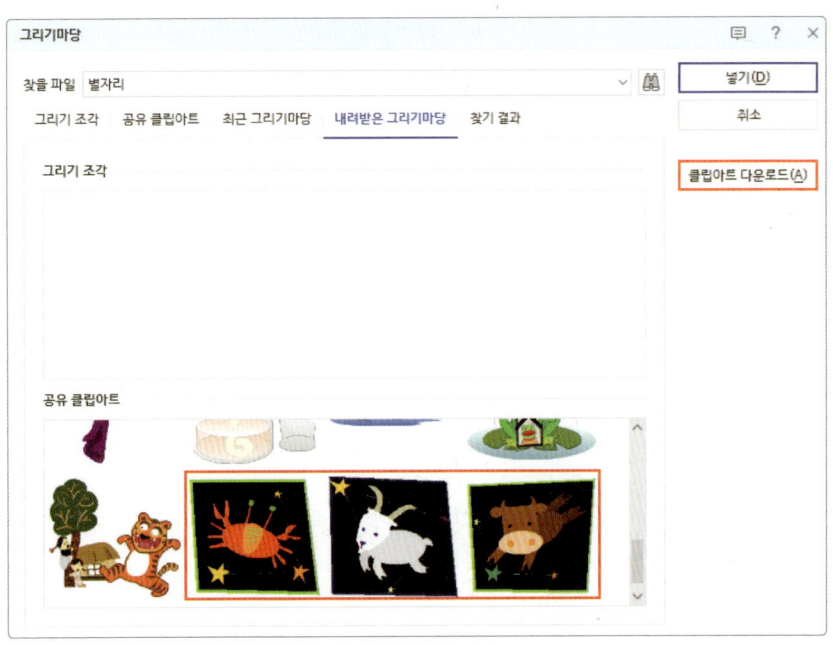

CHAPTER 07 내가 만드는 첫 번째 책표지 **049**

CHAPTER 08 혼자서도 잘해요!

학습목표
- 1일차~7일차에서 배운 내용을 혼자 스스로 완성해요.

문제 01 〈작업 순서〉를 참고하여 아래 그림과 같이 화면을 완성해요.

📁 불러올 파일 : 없음   📗 완성된 파일 : 8장(완성)-1.hwpx

• 작업 순서 •

1 [편집 용지] 설정
➡ [파일] 탭-[편집 용지]-'가로'

2 [글맵시] 입력
➡ [입력] 탭-[글맵시]-'수생생물' 입력-<설정> 단추 클릭

3 [그리기마당] 입력
➡ [입력] 탭-[그림]-[그리기마당]-<클립아트 다운로드>
➡ '고래1', '가오리1', '거북이1', '상어1', '문어1', '해파리' 다운로드

문제 02: 〈작업 순서〉를 참고하여 아래 그림과 같이 화면을 완성해요.

📁 불러올 파일 : 8장-2.hwpx   💾 완성된 파일 : 8장(완성)-2.hwpx

• 작업 순서 •

1. 파일을 불러와요.
   ➡ [불러올 파일]-[CHAPTER 08]-'8장-2.hwpx'를 선택

2. 나만의 '버킷리스트'를 자유롭게 입력해요.

3. 입력한 내용을 [서식 도구 상자]를 이용해서 글자 모양을 바꿔요.
   ➡ 글꼴(한컴 윤체 B), 글자 크기(30pt), 밑줄(점선)

4. 글자 앞에 문자 모양을 자유롭게 입력해요.
   ➡ 전체 블록으로 지정-[서식]-[문단 번호 모양]을 클릭

CHAPTER 09 세계여행 보드게임, 출발!

학습목표
- 내 손으로 만드는 멋진 표, 함께 완성해 볼까?
- 내 표를 알록달록 꾸며볼까? 셀 마법사가 되어보자!

📁 불러올 파일 : 없음 📄 완성된 파일 : 9장(완성).hwpx

폴란드	브라질	벨기에	미국	이스라엘
아르헨티나				인도
아일랜드				스페인
네덜란드				이탈리아
세계여행 출발	대한민국	루마니아	사우디아라비아	그리스

 창의력 뿜뿜

■ 여행을 가고 싶은 나라가 있나요?

> 예) 스위스

2 여행은 누구와 함께 가고 싶나요?

> 예) 저는 친구와 함께 가고 싶어요. 친구와 가면 같이 재미있게 놀거 같아요

01 내 손으로 만드는 멋진 표, 함께 완성해 볼까?

1 한글 2022를 실행한 후, **F7** 키를 눌러요.

→ [기본] 탭-[용지 방향(가로())]-[용지 여백(위쪽 (5mm), 머리말(0mm), 왼쪽(5mm), 오른쪽(5mm), 아래쪽(5mm), 꼬리말(0mm)]

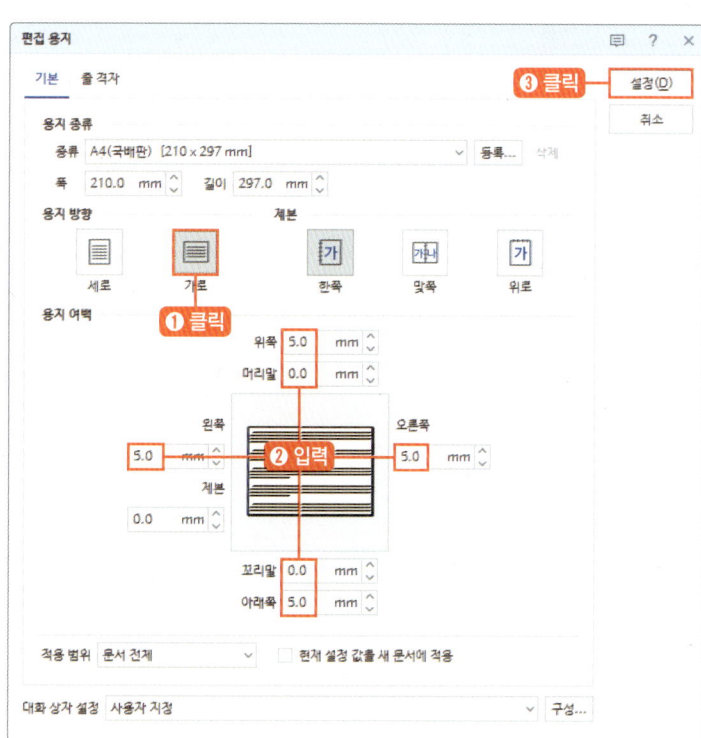

CHAPTER 09 세계여행 보드게임, 출발! **053**

2 줄 수와 칸 수를 입력해서 표를 만들어요.
➡ [입력] 탭-[표(⊞)] 클릭-'줄 개수(5), 칸 개수(5)' 입력

'글자처럼 취급'을 체크(✓)를 해요.

3 표의 테두리를 클릭한 다음 조절점(■)을 아래로 드래그하여 표의 크기를 조절해요.

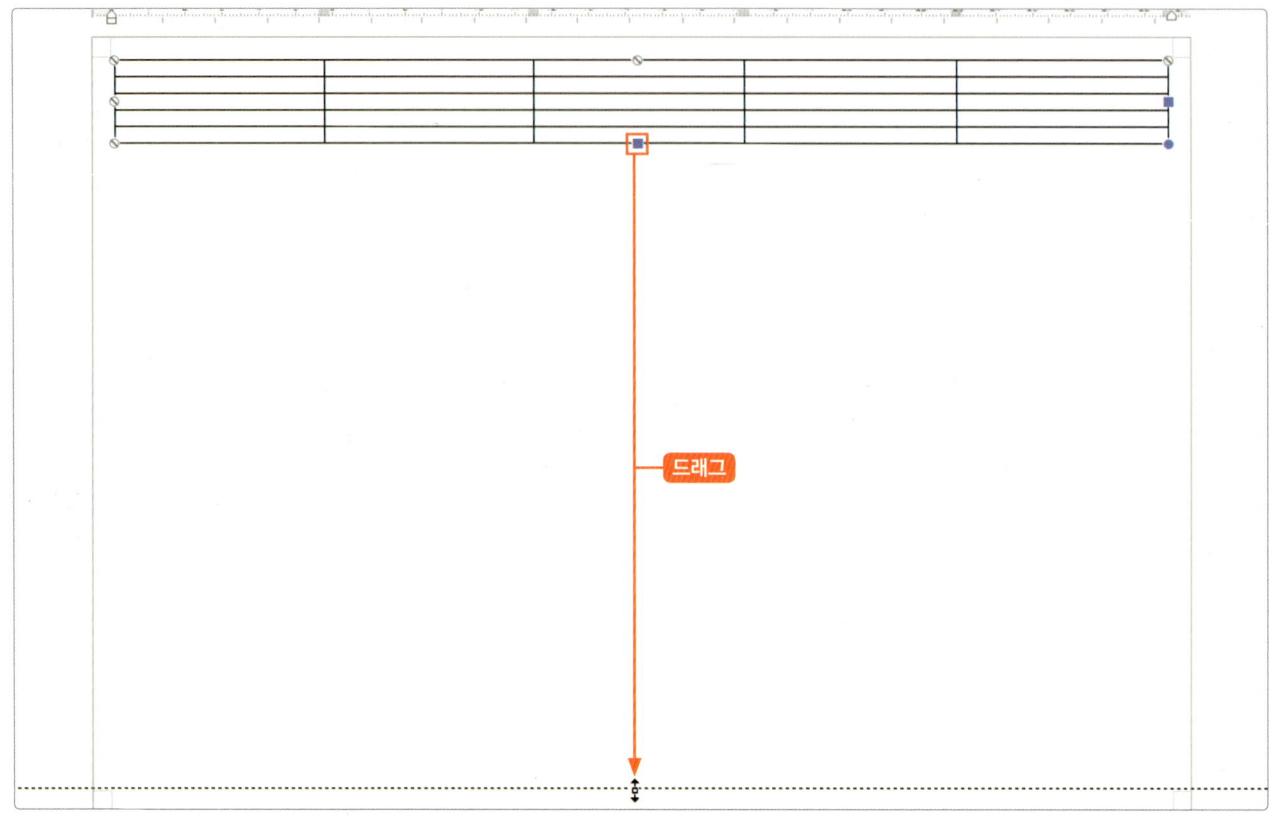

드래그

마우스 끌기로 만들기

표를 만들 때 '마우스 끌기로 만들기'를 체크하면 마우스 커서의 모양이 변경되고 원하는 위치를 드래그하여 표를 만들 수 있어요. 마우스로 만든 표는 '글자처럼 취급'이 적용되지 않고 기본적으로 '자리 차지'로 배치돼요.

4 표 전체를 마우스로 드래그한 후, 서식을 지정해요.
→ [서식 도구 상자]-'글자 크기(16pt)'

> 첫 번째 셀을 클릭한 후, F5 키를 세 번 누르면 표 전체를 선택할 수 있어요.

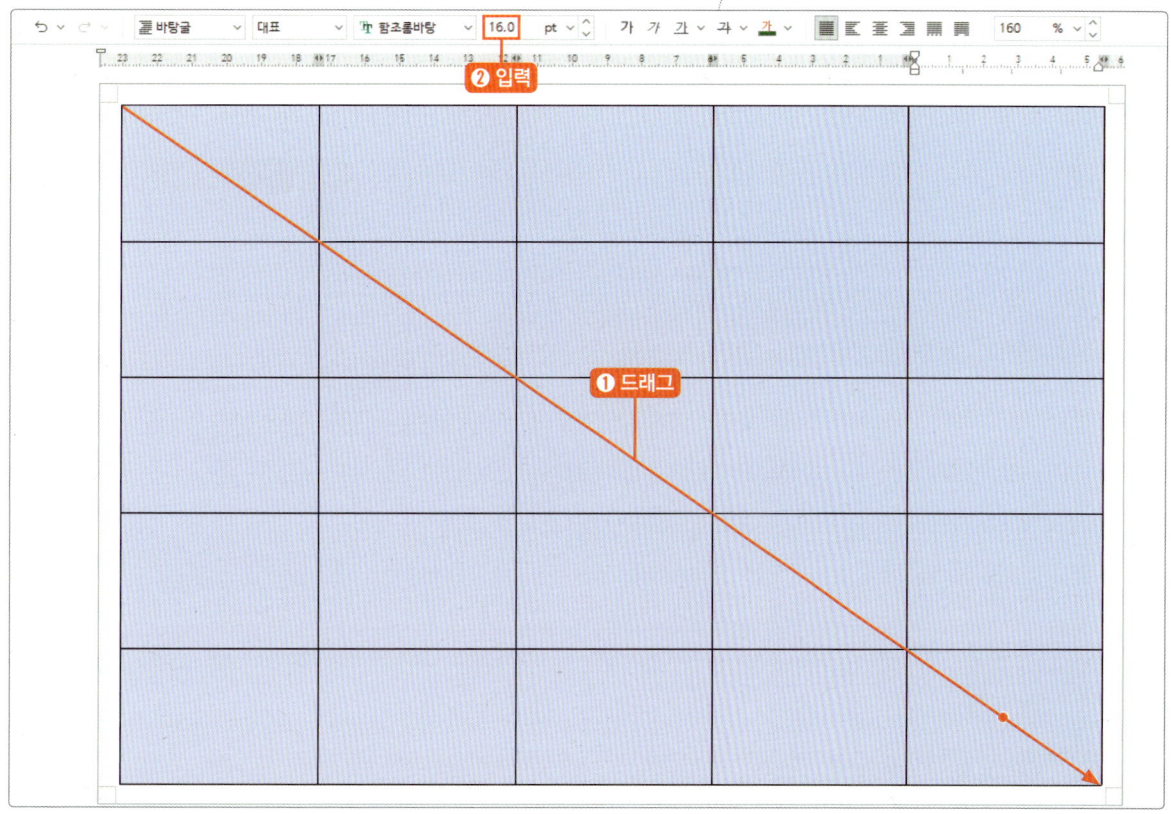

5 [셀 나누기] 메뉴를 이용하여 '줄 개수'를 나눠줘요.
→ 마우스 오른쪽 단추 클릭-[셀 나누기] 클릭-'줄 개수(2)' 입력

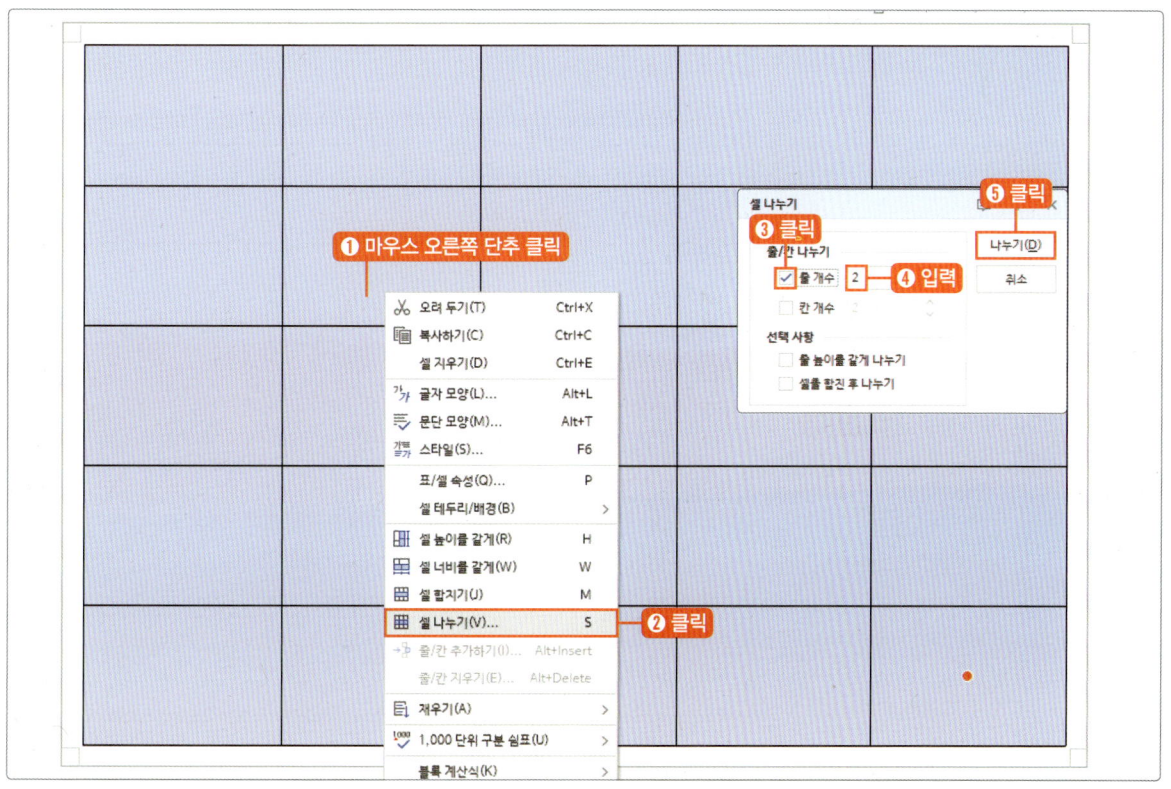

CHAPTER 09 세계여행 보드게임, 출발!

6 아래 그림처럼 블록을 지정한 다음 [셀 합치기]를 클릭해요.
➡ Esc 키-블록 지정-마우스 오른쪽 단추 클릭-[셀 합치기] 클릭

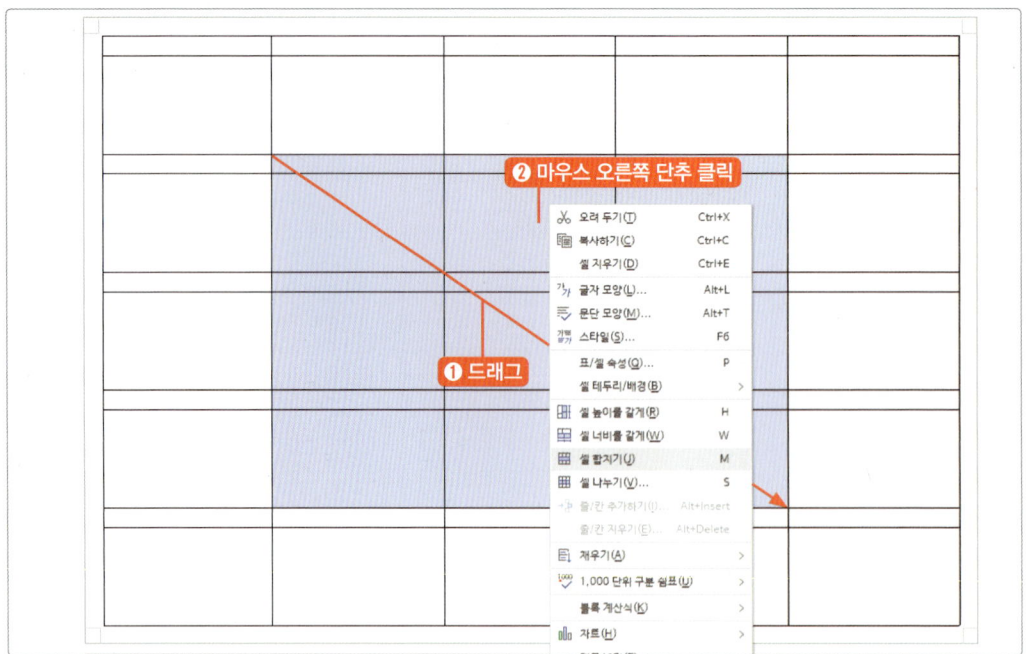

02 내 표에 그림을 쏙쏙! 글자와 그림 친구들을 만나볼까?

1 아래 그림을 보고 내용을 입력해요.
➡ 내용(폴란드, 브라질, 벨기에, 미국, 이스라엘, 아르헨티나, 인도, 아일랜드, 스페인, 네덜란드, 이탈리아, 세계여행 출발, 대한민국, 루마니아, 사우디아라비아, 그리스)

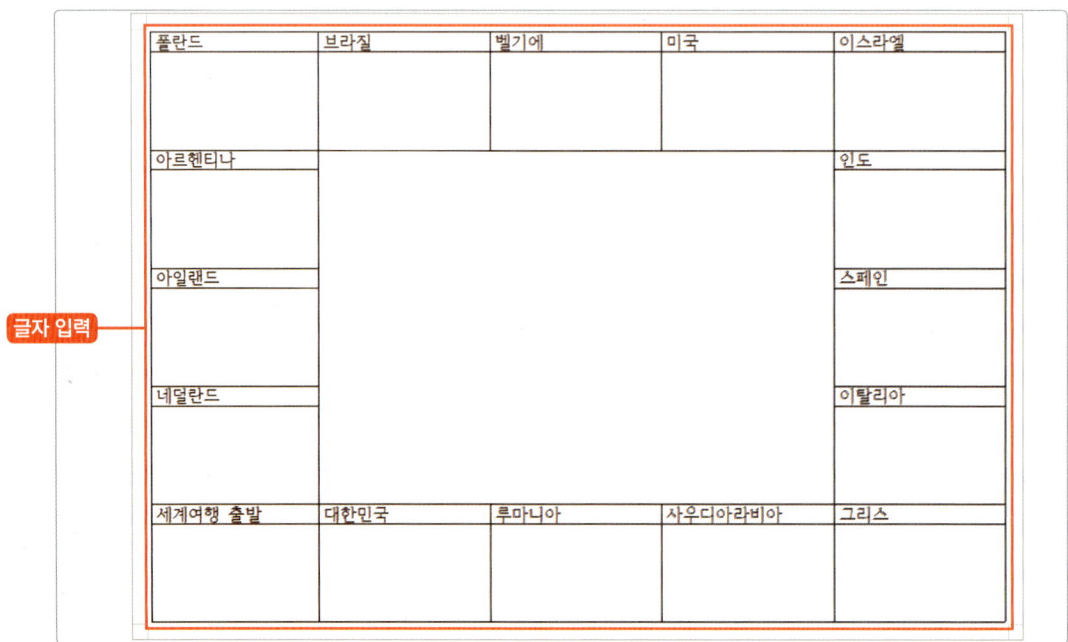

2　'폴란드' 이미지를 입력하기 위해 아래 셀을 클릭해요.

➡ 마우스 오른쪽 단추 클릭-[셀 테두리/배경]-[각 셀마다 적용]

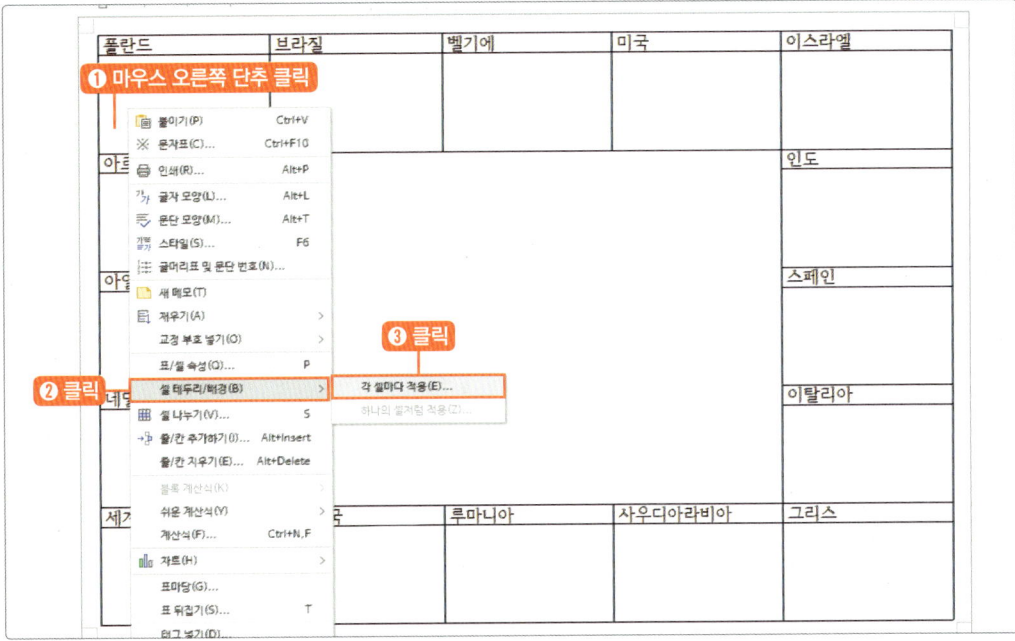

3　'폴란드' 이미지를 입력해요.

➡ [배경] 탭-[그림] 체크-[불러올 파일]-[9장]-'폴란드' 이미지를 선택-'문서에 포함'을 체크

4 '부루마블-1(홍길동)'으로 저장해요.

➡ [파일] 탭-[다른 이름으로 저장]

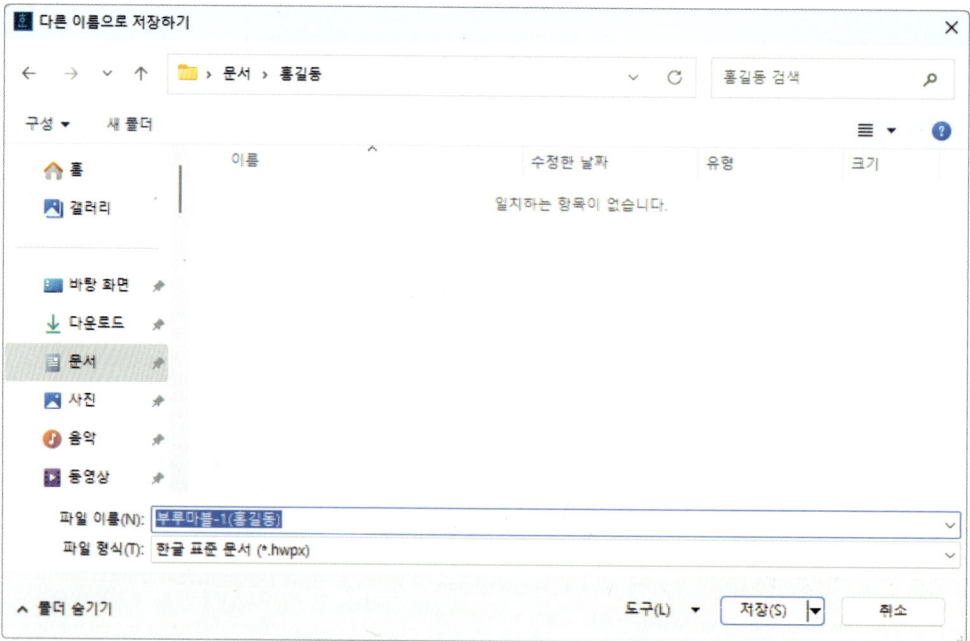

혼자서 뚝딱 뚝딱

📁 불러올 파일 : 9장_혼자서.hwpx   💾 완성된 파일 : 9장_혼자서(완성).hwpx

1. 셀 안에 그림 넣기 기능을 이용하여 다음과 같이 그림을 입력해요.
   ➡ [배경] 탭-[그림] 체크-[불러올 파일]-[9장]-각 국가별 이미지를 선택-'문서에 포함'을 체크

2. 셀 합치기로 합쳐진 가운데 셀 부분에 '배경' 그림을 입력해요.

CHAPTER 09 세계여행 보드게임, 출발! **059**

CHAPTER 10 지구 한 바퀴 돌자!

학습목표
- 내 표를 더 멋지게! 셀 마법을 부려볼까?

📁 불러올 파일 : 10장.hwpx   📄 완성된 파일 : 10장(완성).hwpx

배울 내용 미리보기!

> 내가 원하는 셀만 지정할 때 사용하는 키는 뭘까?

> F5 키를 누르면 될걸!

> 어! 어떻게 알았지?

 **창의력 풀러는**

■ 국기를 보고 그 나라와 연관된 것을 연결해 주세요.

　　　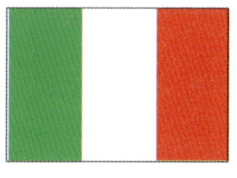

●　　　　　●　　　　　●　　　　　●

●　　　　　●　　　　　●　　　　　●

01 내 표와 글자를 반짝반짝 빛나게! 마법 같은 변화를 줘볼까?

1 '10장.hwpx' 파일을 불러온 다음 셀 테두리 굵기를 선택해요.

➡ 표 전체를 드래그하여 블록으로 지정-[표 디자인] 탭-[테두리 굵기(▬)]-'0.5mm'로 선택

CHAPTER 10 지구 한바퀴 돌자! **061**

2 테두리를 '바깥쪽 테두리'를 선택해요.
➡ [표 디자인] 탭-[테두리(   )]의 목록 단추(   ) 클릭-'바깥쪽 테두리(   )' 선택

3 배경 그림을 블록으로 지정한 후, 위와 같이 바깥쪽 테두리를 지정해요.
➡ 가운데 셀을 클릭-[표 디자인] 탭-[테두리 굵기]-'0.5mm'를 선택-[테두리]-'바깥쪽 테두리'를 선택

4 글자가 입력된 부분을 블록으로 지정해요.
➡ 첫 번째 줄을 마우스로 드래그-띄워져 있는 글자는 Ctrl 키를 누른 상태에서 클릭

5 배경 색을 선택한 다음 글꼴의 서식을 지정해요.
➡ [표 디자인] 탭-[표 채우기(🖌)]의 목록 단추(▼)를 클릭-'검정'을 선택
➡ [서식 도구 상자]-'글꼴(맑은 고딕), 글자 크기(10pt), 진하게, 글자 색(하양), 가운데 정렬'을 각각 지정

CHAPTER 10 지구 한바퀴 돌자! **063**

6 '부루마블-2(홍길동)'으로 저장해요.

➡ [파일] 탭-[다른 이름으로 저장]

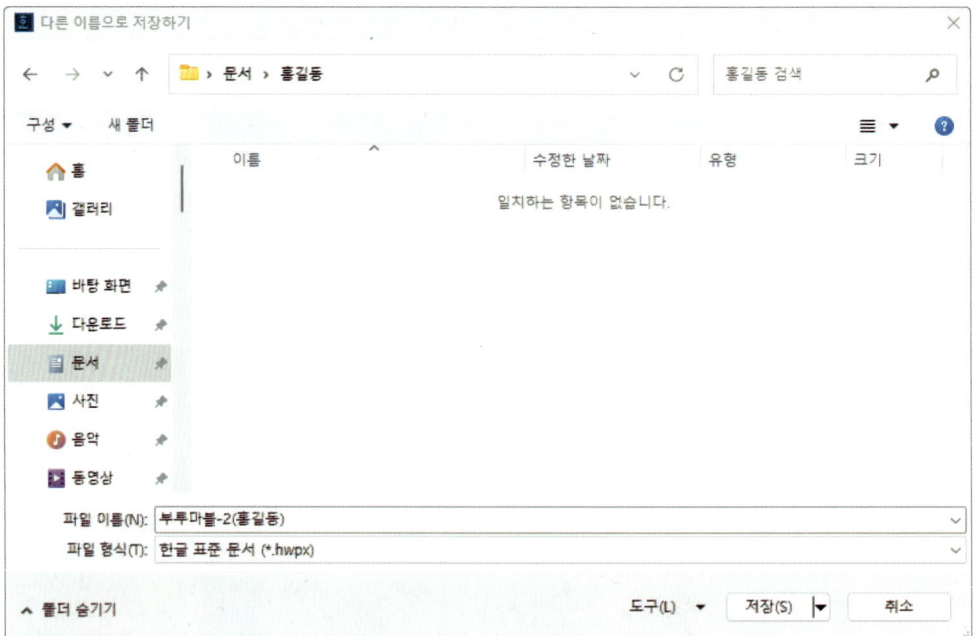

📁 불러올 파일 : 10장_혼자서.hwpx 📑 완성된 파일 : 10장_혼자서(완성).hwpx   ☐ **지금하기** ☐ **나중에 하기**

① 아래 그림과 같이 표를 입력하고 셀 나누기와 셀 합치기를 해보세요.

시 간 표						
시간	월요일	화요일	수요일	목요일	금요일	토요일
1교시	국어	체육	과학	국어	영어	가족 여행
2교시		음악		사회	수학	
3교시	영어	미술	음악	놀이		
4교시	수학	사회	국어			
놀 러 다 니 기 !						

> 다음 그림을 참고하여 글꼴과 크기, 배경색 등은 자유롭게 지정해요!

CHAPTER 11 캐릭터로 메모하자!

학습목표
- 내 글씨를 더 예쁘게! 글맵시 마법을 부려볼까?
- 우리 함께 멋진 그림 메모지 만들기!

배울 내용 미리보기!

📂 불러올 파일 : 11장.hwpx   📄 완성된 파일 : 11장(완성).hwpx

창의력 풀러스

1 오늘 내가 할 일의 순서를 정해 볼까요?

> 예) 학교 끝나고 피아노 학원을 가요.
> 그리고 집 가서 수학문제 풀어요.

2 내일 할 일을 메모지 위에 글로 남겨 볼까요?

01 도형 친구들과 함께 놀아요!

1 '11장.hwpx' 파일을 불러온 다음 [그리기마당] 메뉴에서 '팔각형()' 도형을 선택해요.

➡ [입력] 탭-[그림]-[그리기마당]-[그리기 조각]-[기본도형]-'팔각형()'

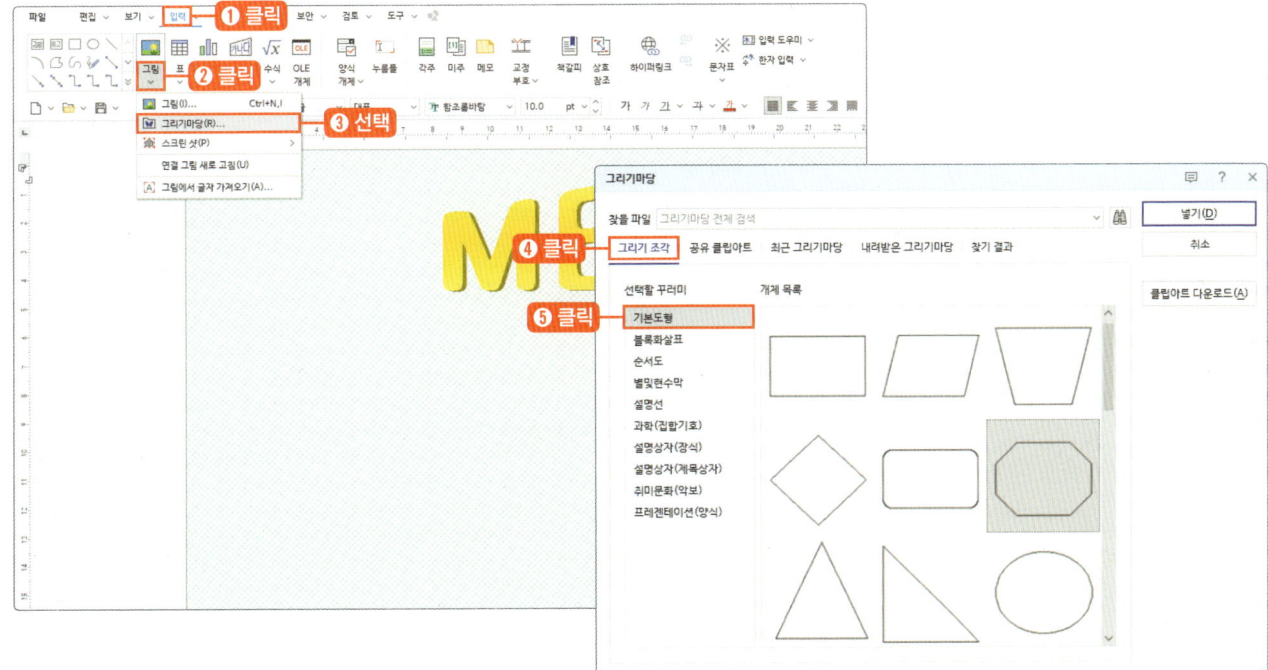

CHAPTER 011 캐릭터로 메모하자! **067**

2 마우스 커서가 ┼ 모양으로 변경되면 드래그하여 도형을 입력해요.

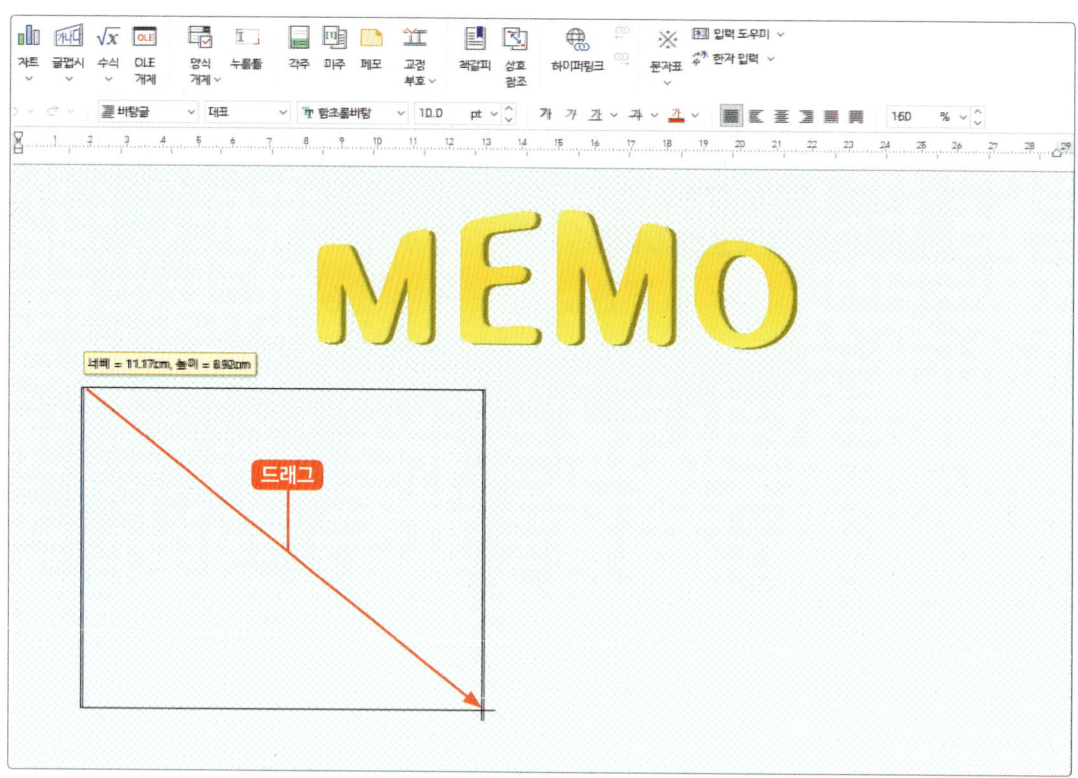

3 마우스 커서가 ┼ 모양으로 변경되면 드래그하여 도형을 입력해요.
   ➡ [기본] 탭-[크기]-'너비(130mm), 높이(140mm)'
   ➡ [선] 탭-'색(초록), 굵기(1.00mm)'
   ➡ [채우기] 탭-'면 색(초록 80% 밝게)'

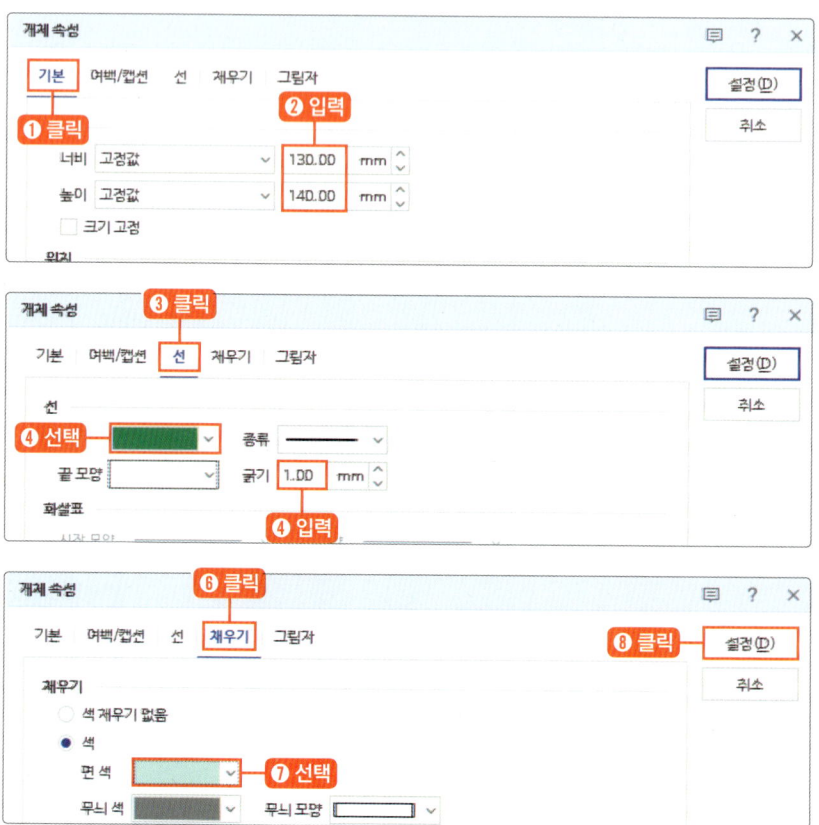

4 입력한 도형을 오른쪽에 복사한 다음 [선], [채우기]를 지정해요.
- ➡ Ctrl + Shift 키를 누른채 오른쪽으로 드래그
- ➡ 복사한 도형을 더블 클릭-[선] 탭-'색(주황)'
- ➡ [채우기] 탭-'면 색(주황 80% 밝게)'

> 도형을 선택하여 Ctrl + Shift 키를 누른채 오른쪽으로 드래그하여 이동하면 수평 위치가 같게 복사할 수 있어요.

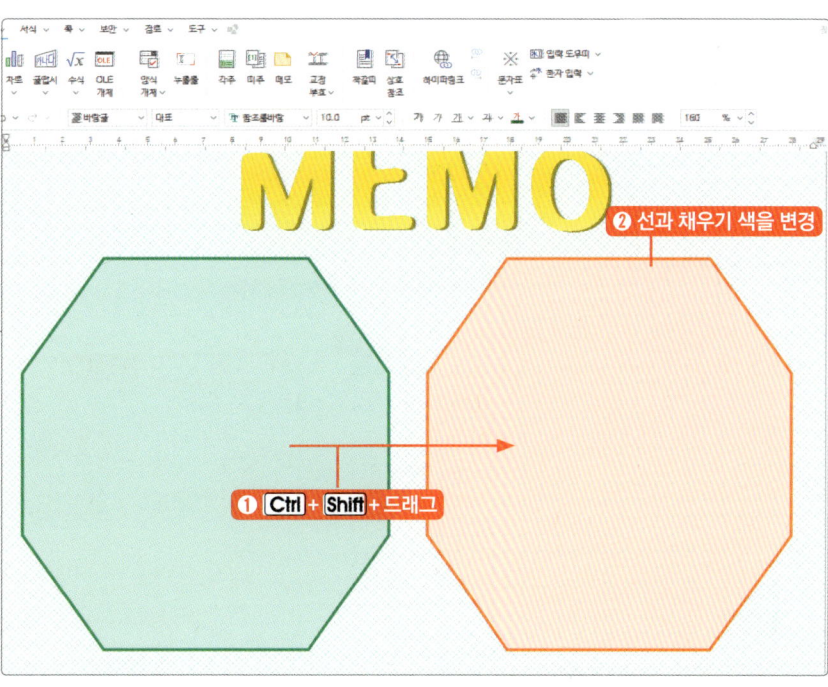

02 안쪽에 쏙! 도형 친구들 만들기

1 왼쪽 도형을 클릭한 다음 도형을 복사해요.
- ➡ 왼쪽 도형 클릭-Ctrl+C-Ctrl+V

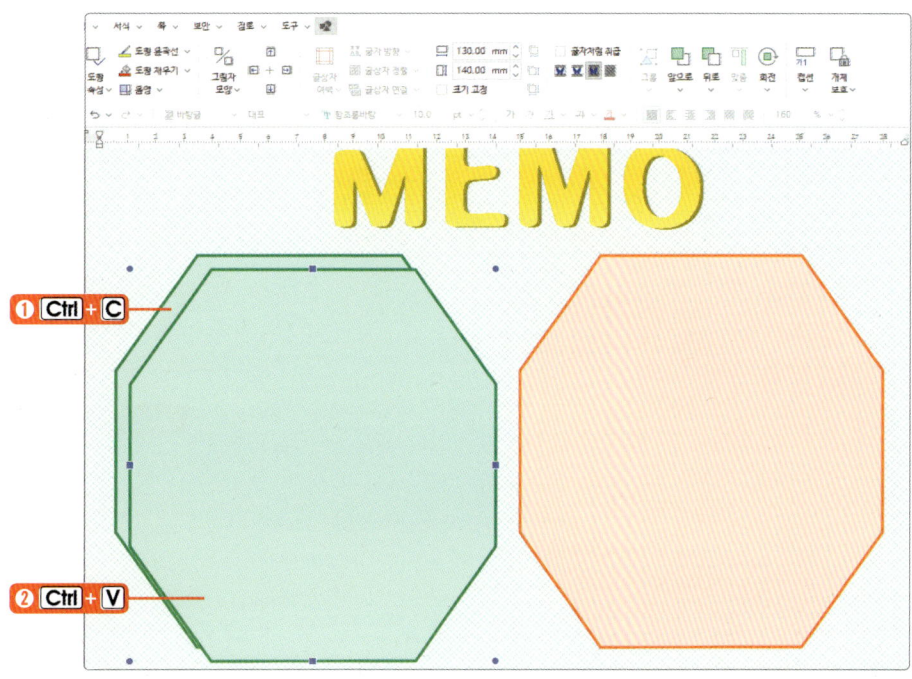

2 도형을 더블 클릭한 다음 [개체 속성] 대화상자에서 [기본], [선], [채우기]를 지정해요.

➡ [기본] 탭-[크기]-'너비(120mm), 높이(130mm)'
➡ [선] 탭-'선 종류(파선)'
➡ [채우기] 탭-'면 색(하양)'

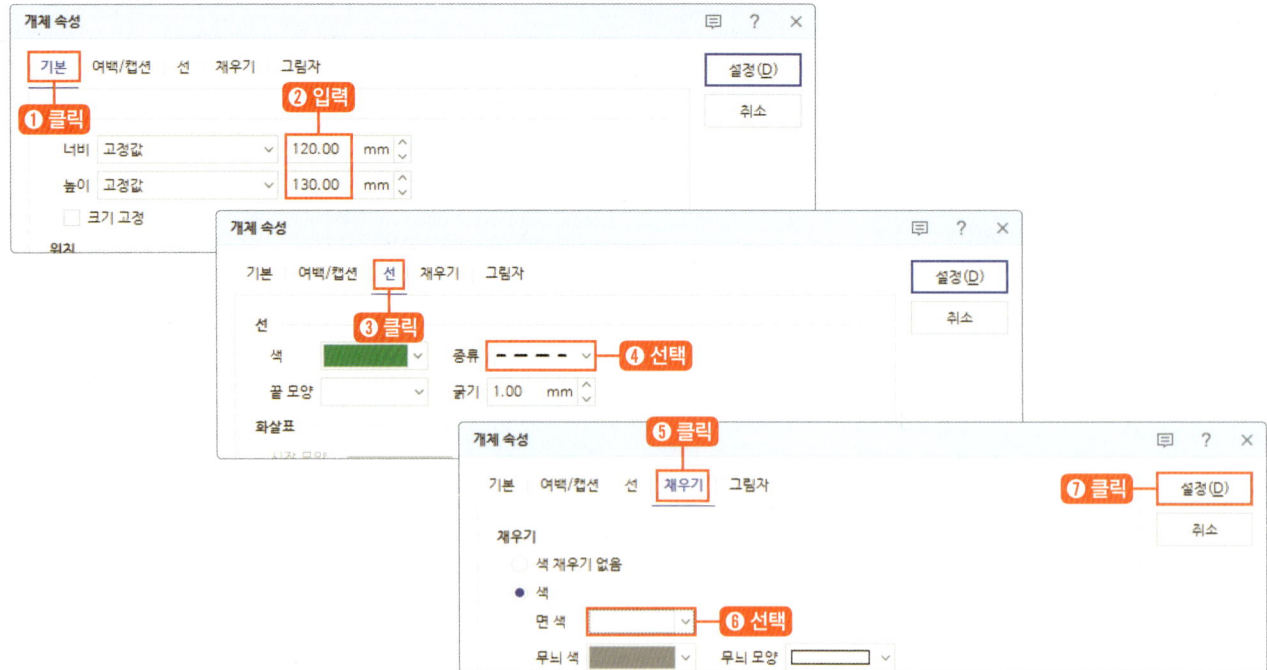

3 안쪽 도형을 오른쪽 도형으로 복사한 다음 [선]을 지정해요.

➡ 안쪽 도형을 클릭-Ctrl+Shift 키를 누른 채 오른쪽으로 이동
➡ 복사한 도형을 더블 클릭-[선] 탭-'색(주황)'

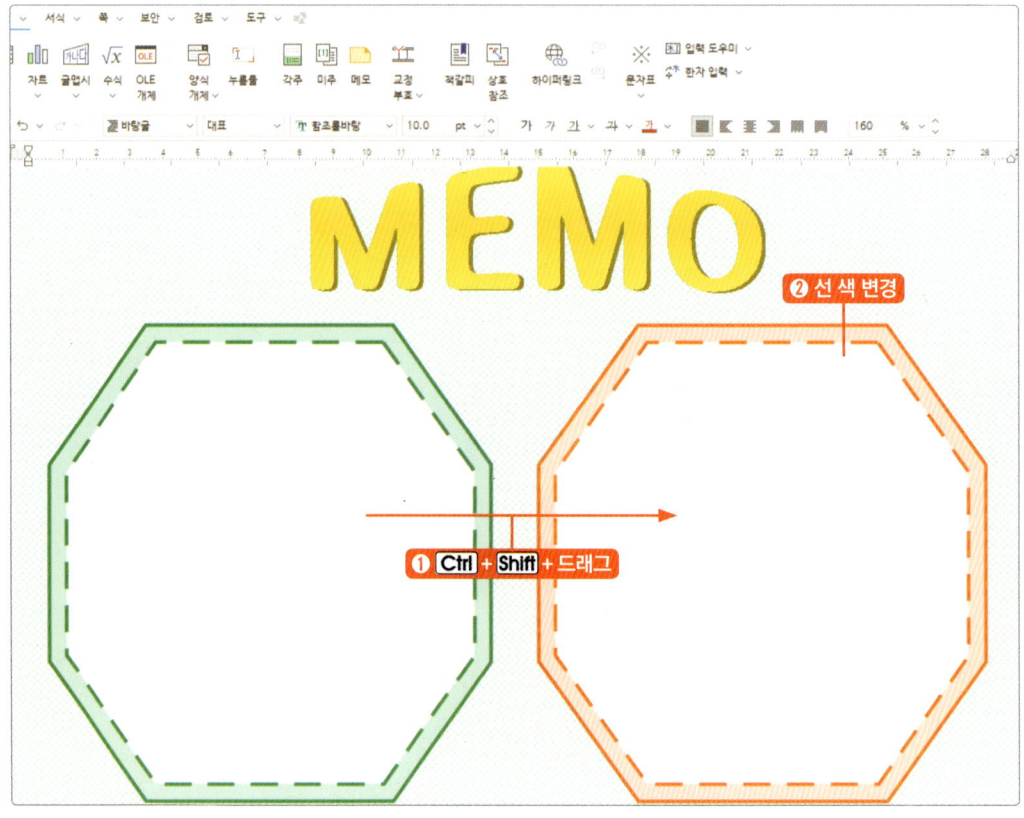

03 그림으로 내 마음을 표현해요!

1 '메모그림1' 그림을 도형에 입력해요.
➤ [불러올 파일]-[11장]-'메모그림1'을 선택-'문서에 포함' 체크-'마우스로 크기 지정' 체크

2 아래 그림을 보고 적당한 위치에 배치해요.
➤ 왼쪽 아래에 드래그하여 입력-[글 앞으로(▨)]

3 '캐릭터 메모지(홍길동)'으로 저장해요.

➡ [파일] 탭-[다른 이름으로 저장]

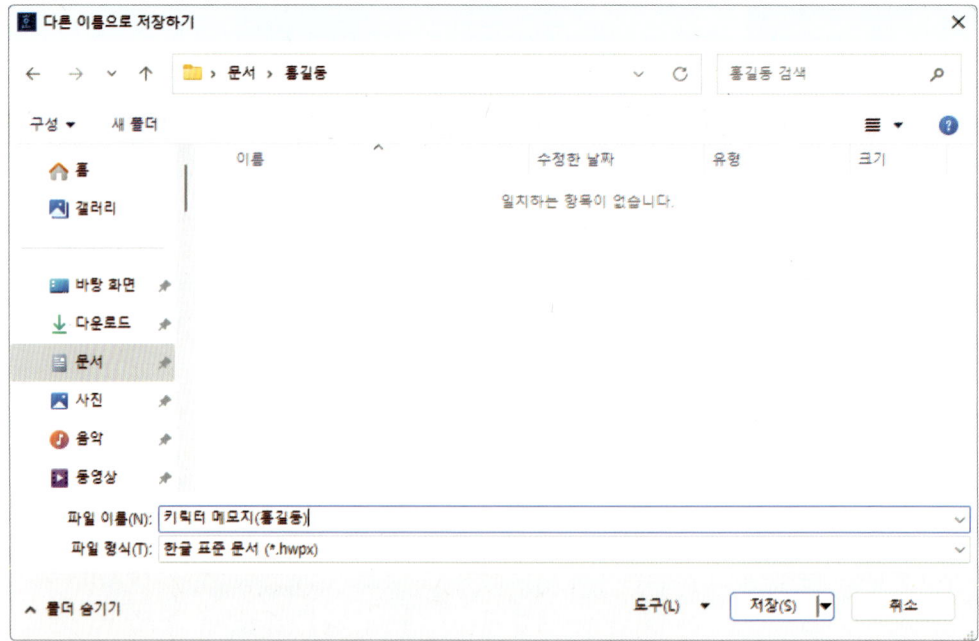

불러올 파일 : 11장_혼자서.hwpx　　**완성된 파일** : 11장_혼자서(완성).hwpx

☐ **지금하기**　☐ **나중에 하기**

1 글맵시의 속성을 변경하고 오른쪽 도형 위에 그림을 입력해 보세요.

➡ [불러올 파일]-[11장]-'메모그림2'

➡ 글맵시 속성(채우기)
　시작 색 : 남색
　끝 색 : 남색 80% 밝게

➡ 글맵시 속성(글맵시)
　그림자 색 : 남색

CHAPTER 11 케릭터로 메모하자! **073**

CHAPTER 12
오늘 간식 뭐 먹을까?

학습목표
우리의 데이터를 한눈에 쏙! 차트 만들기

배울 내용 미리보기!

📁 불러올 파일 : 12장.hwpx 📄 완성된 파일 : 12장(완성).hwpx

오늘 간식으로 뭐 먹지?

간식	순위(명)
피자	11
케이크	6
만두	2
햄버거	8
떡볶이	5

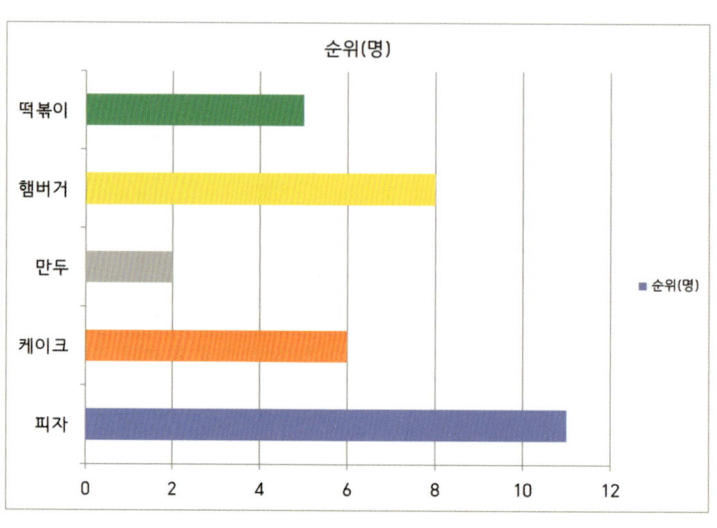

 **창의력 쑥쑥**

■ 내가 좋아하는 간식에 별점을 주세요. 제일 좋아하는 간식 옆에 별 다섯 개 "★★★★★" 좋아하지 않는 간식에는 별 한 개 "★" 이렇게 표시해 보세요.

01 컴퓨터 속에서 보물찾기! 파일 불러오기

1 '12장.hwpx' 파일을 불러와요.

➡ [서식 도구 상자]-[불러오기(📁)]-[불러올 파일]-[12장]-'12장.hwpx'

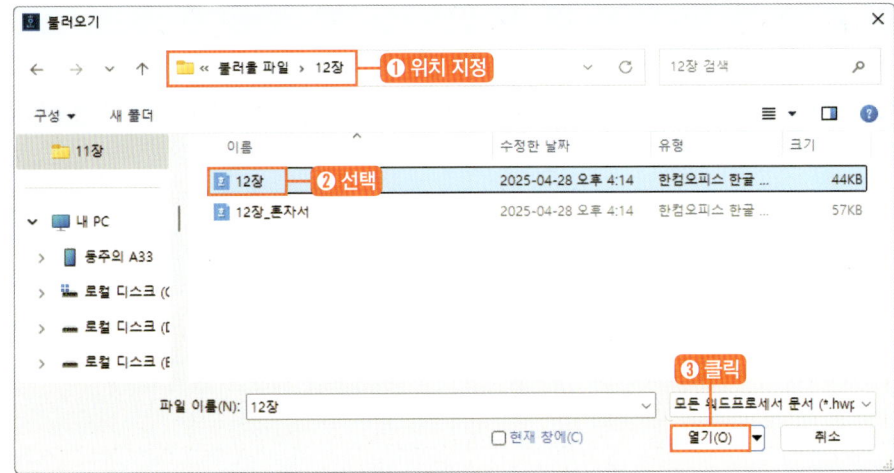

02 내 손으로 만드는 멋진 차트!

1 표 전체를 블록으로 지정한 다음 차트를 만들어요.
➡ 표 전체 블록 지정-마우스 오른쪽 단추 클릭-[차트]-[가로 막대형]-[묶은 가로 막대형] 클릭

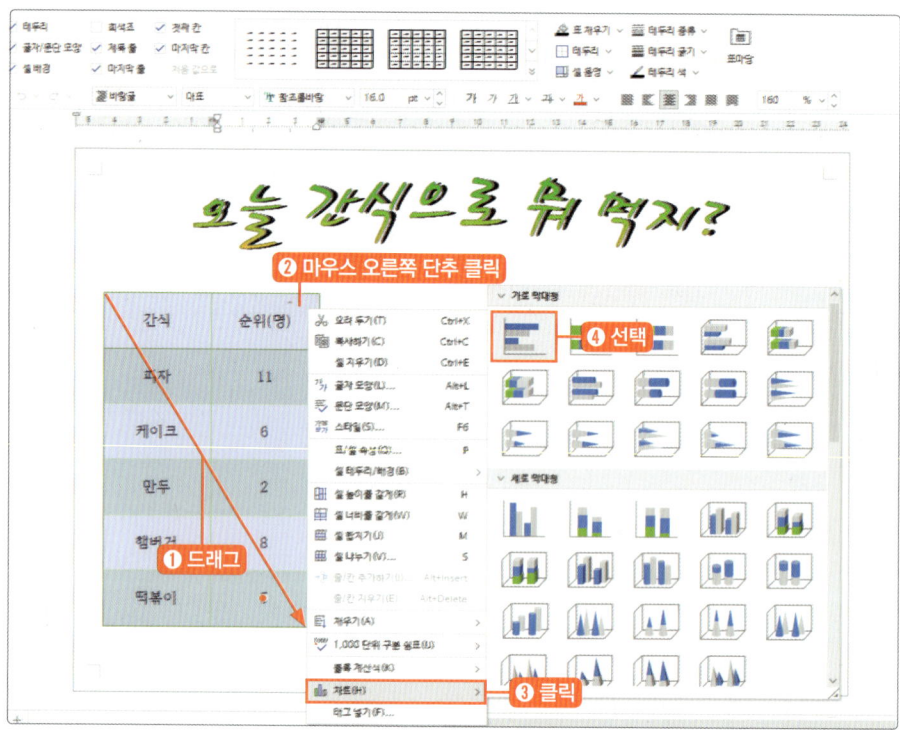

2 차트를 이동 및 크기를 조절해요.
➡ 조절점(●)을 드래그하여 크기 조절

[차트 데이터 편집] 대화상자는 [닫기]를 클릭하고 크기 조절을 해요.

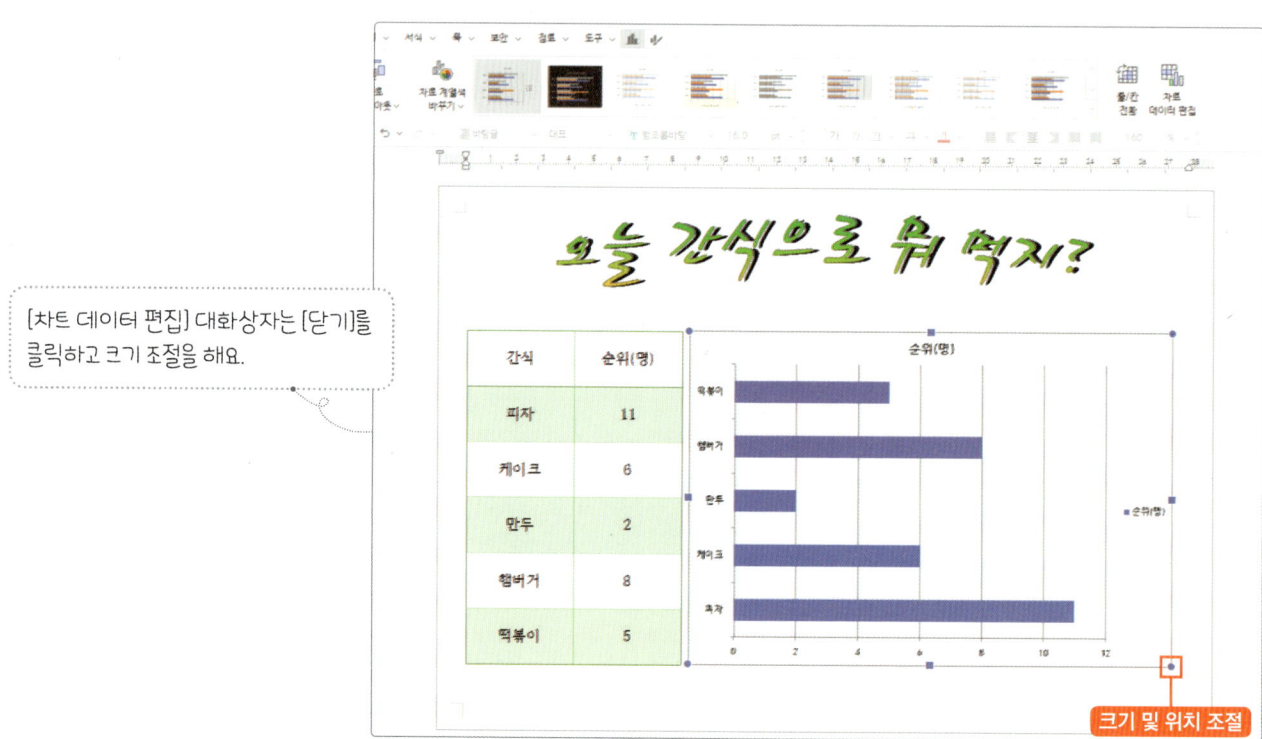

개체를 그룹화하고 패턴 채우기

1 세로 항목 축의 글자를 마우스 오른쪽 단추를 클릭한 다음 [글자 모양 편집]을 클릭해요.
➡ '떡볶이' 글자를 클릭-마우스 오른쪽 단추 클릭-[글자 모양 편집]-'크기(13pt)'

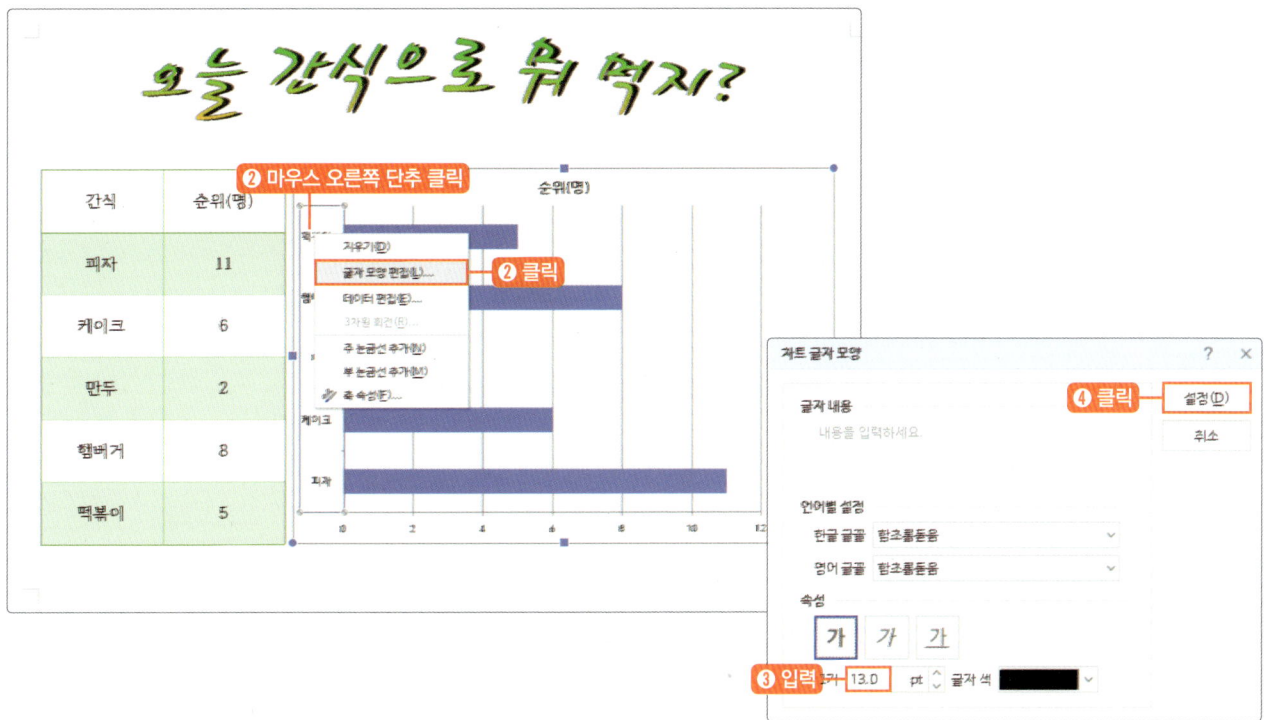

2 가로 값 축의 글자를 마우스 오른쪽 단추를 클릭한 다음 [글자 모양 편집]을 클릭해요.
➡ '2' 글자를 클릭-마우스 오른쪽 단추 클릭-[글자 모양 편집]-'크기(13pt)'

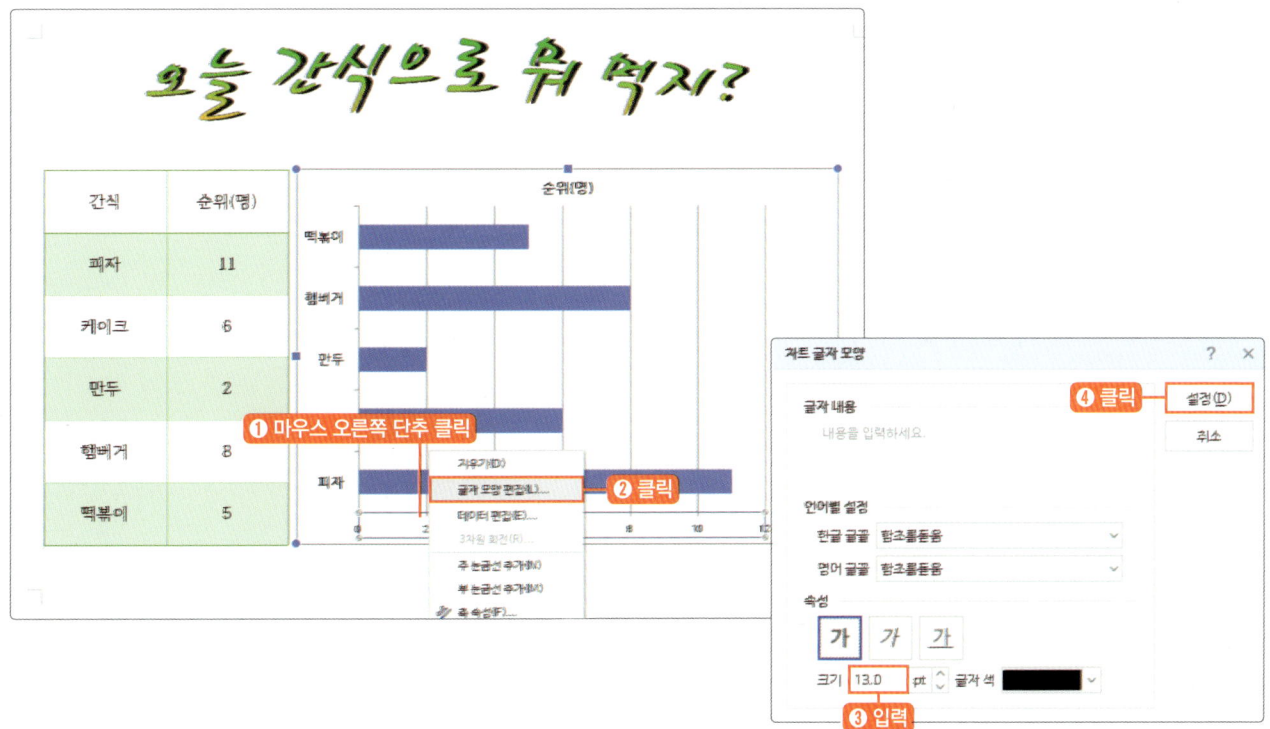

3. 데이터 막대를 각각 다른 색으로 지정해요.
   ➡ 데이터 계열 클릭한 다음 더블 클릭-[그리기 속성]-[채우기]-[요소마다 다른 색 사용] 체크

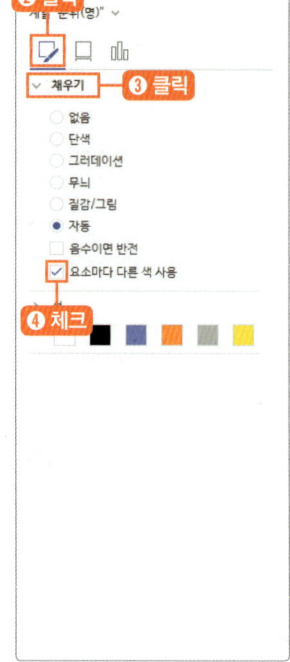

4. '오늘 간식(홍길동)'으로 저장해요.
   ➡ [파일] 탭-[다른 이름으로 저장]

📂 **불러올 파일** : 12장_혼자서.hwpx　　💾 **완성된 파일** : 12장_혼자서(완성).hwpx

☐ **지금하기**　☐ **나중에 하기**

1 그리기 마당에서 이미지를 찾아 입력해요.

➡ [입력] 탭-[그림]-[그리기마당]을 클릭해요.
➡ [그리기마당] 대화상자가 나오면 <클립아트 다운로드> 단추에서 이미지를 찾아 다운로드를 해요.
➡ [파일] 탭-[다른 이름으로 저장]을 클릭한 다음 저장명을 '간식차트(홍길동)'으로 저장해요.

오늘 간식으로 뭐 먹지?

간식	순위(명)
피자	11
케이크	6
만두	2
햄버거	8
떡볶이	5

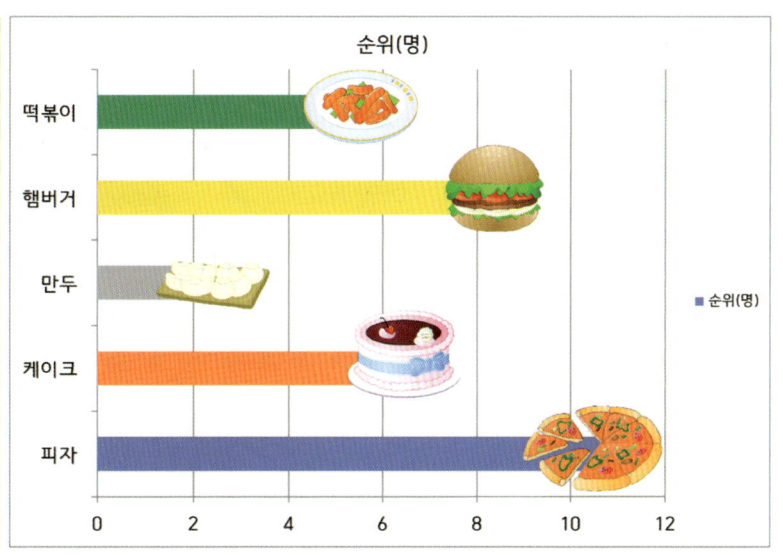

CHAPTER 13 우리가 만든 특별한 상장

학습목표

- 우리 손으로 만드는 특별한 감사장

 불러올 파일 : 13장.hwpx　　완성된 파일 : 13장(완성).hwpx

감 사 장

부 모 님

위 부모님은 저를 낳아 보살펴 주시고 항상 변함없는 사랑으로 길러주셨습니다. 그 은혜를 감사하게 생각하며 자랑스러운 우리 부모님께 이 감사장을 드립니다.

2025년 6월 18일

아소초등학교
홍 길 동 드림

■ 이런 상이 있으면 좋겠어요. 누구에게 어떤 상을 주고 싶은가요?

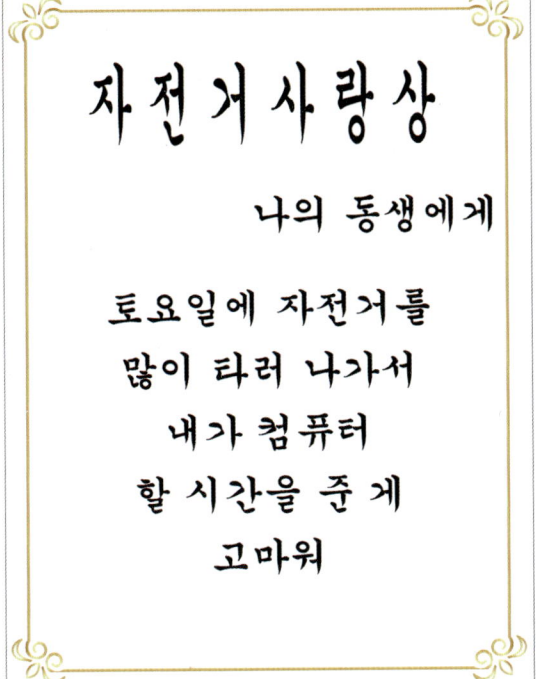

01 컴퓨터로 글자를 입력해서 감사장 만들기!

1 '13장.hwp' 파일을 불러온 다음 'ㅇㅇㅇ'을 블록으로 지정하고 '부 모 님'을 입력해요.

 키가 글자를 한 칸씩 띄어줘요.

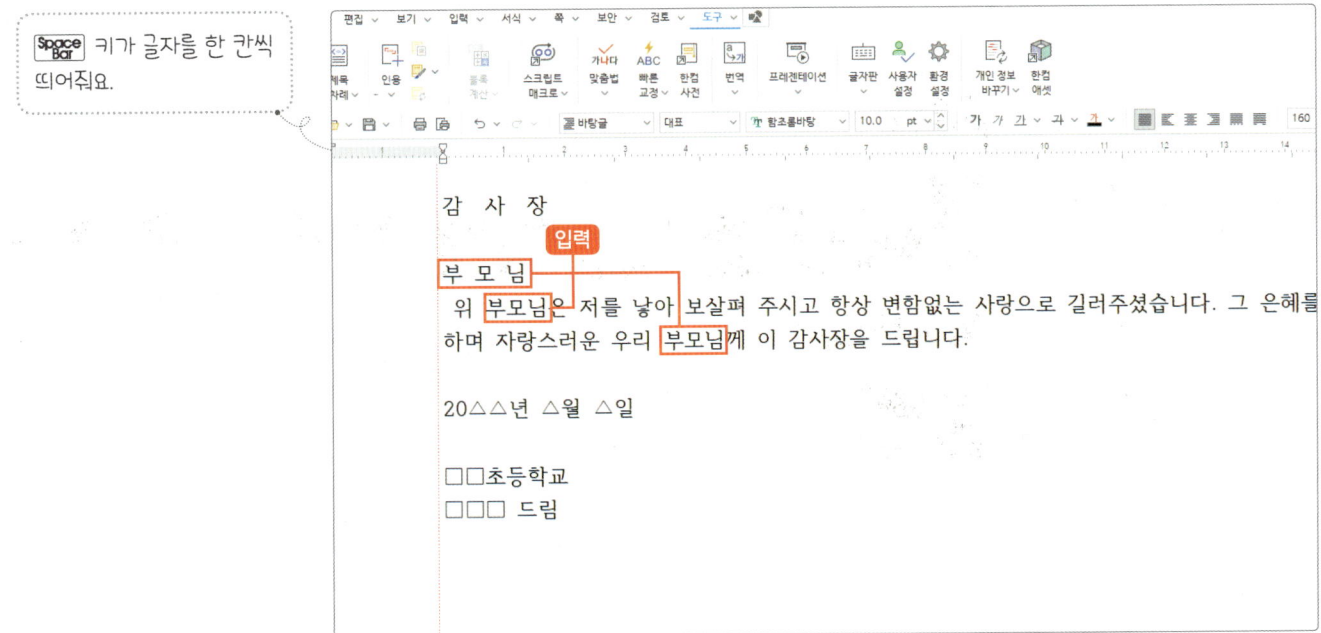

CHAPTER 13 우리가 만든 특별한 상장 **081**

2 '△'과 '□'을 각각 블록으로 지정한 다음 내용을 입력해요.
- '△' : 오늘 날짜를 입력해요. 예) 2025년 6월 18일
- '□' : 본인 학교 및 본인 이름을 입력해요. 예) 아소초등학교 / 홍 길 동 드림

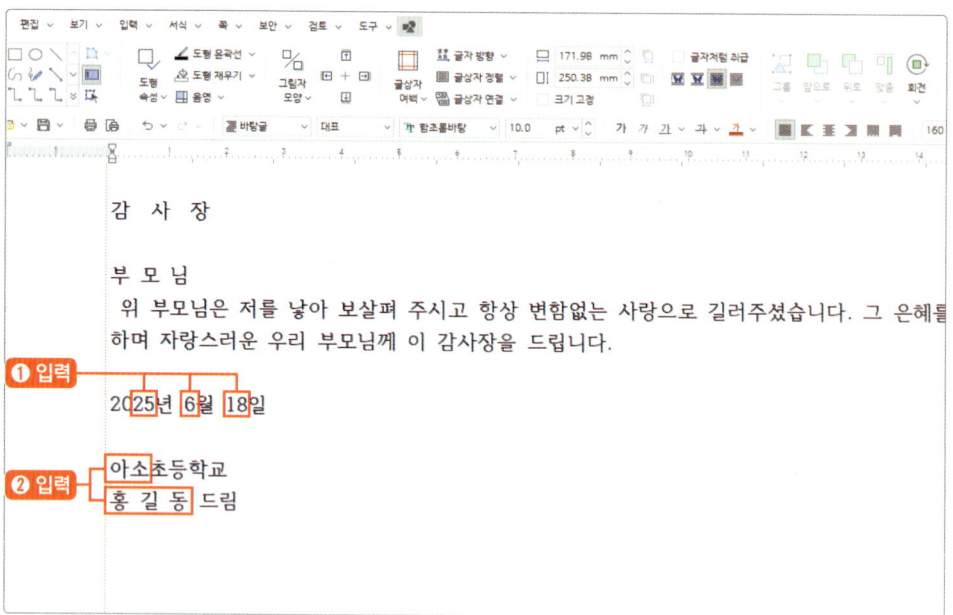

02 글자를 꾸며서 멋진 감사장 만들기!

1 전체 블록으로 지정한 다음 [서식 도구 상자]에서 서식을 지정해요.
- [서식 도구 상자]-'글꼴(궁서), 줄 간격(180%)'

전체 선택 바로 가기 키(Ctrl + A)를 눌러도 돼요!!

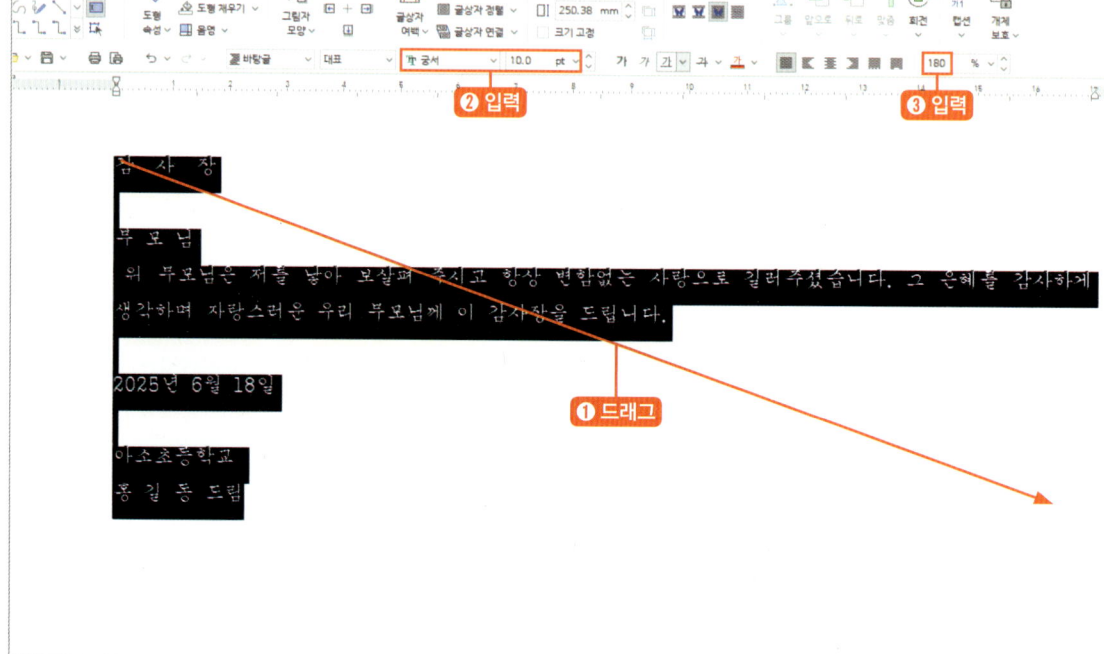

082 돌아온 꿈트리_한글 2022

2 **Esc** 키로 전체 블록을 해제한 다음 '감 사 장'을 블록으로 지정한 후, 서식을 지정해요.
➡ [서식 도구 상자]-'글자 크기(72pt), 진하게(**가**), 가운데 정렬(≡)'

마우스로 문서의 여백을 클릭해도 해제가 돼요.

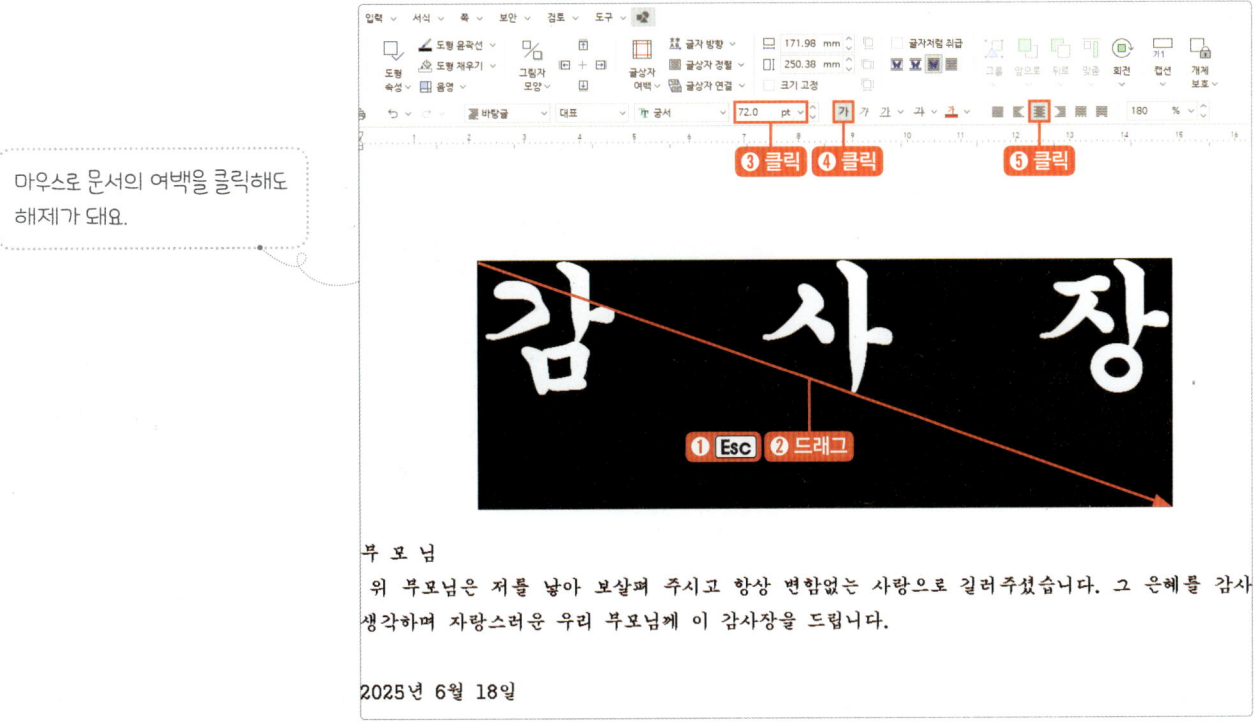

3 첫 번째 '부 모 님'을 블록으로 지정한 다음 [서식 도구 상자]에서 서식을 지정해요.
➡ [서식 도구 상자]-'글자 크기(28pt), 오른쪽 정렬(≡), 줄 간격(200%)'

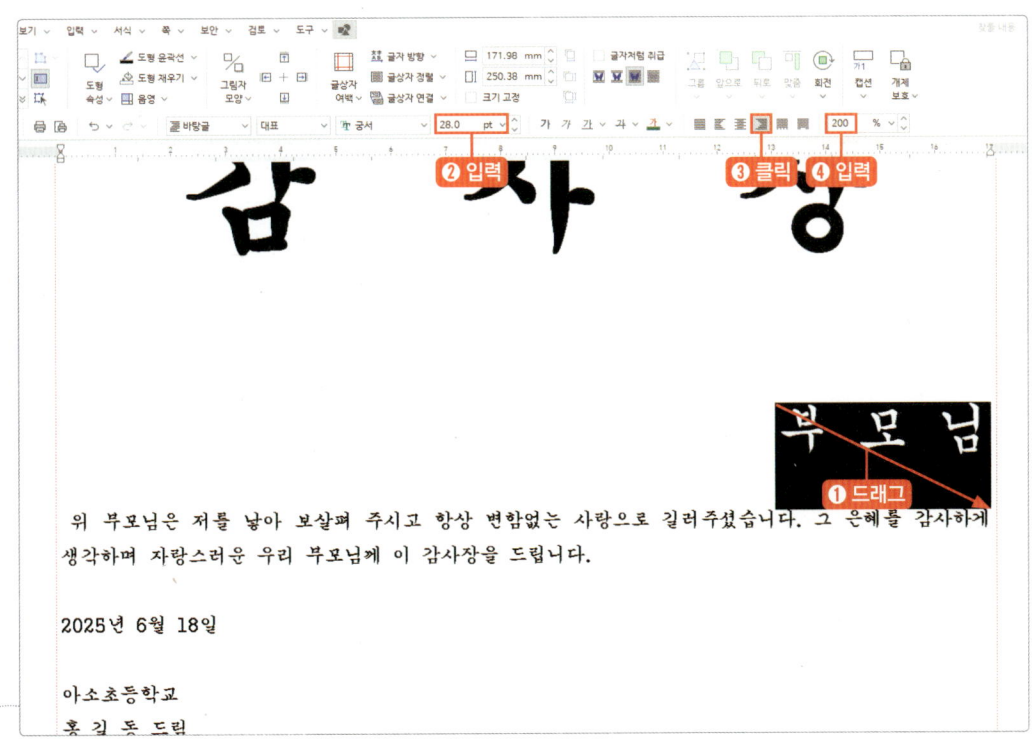

글자 크기는 입력 칸에 직접 입력한 다음 **Enter** 키를 눌러요.

4 내용(위 부모님은~드립니다.)을 블록으로 지정한 다음 [서식 도구 상자]에서 서식을 지정해요.
➡ [서식 도구 상자]-'글자 크기(32pt)'

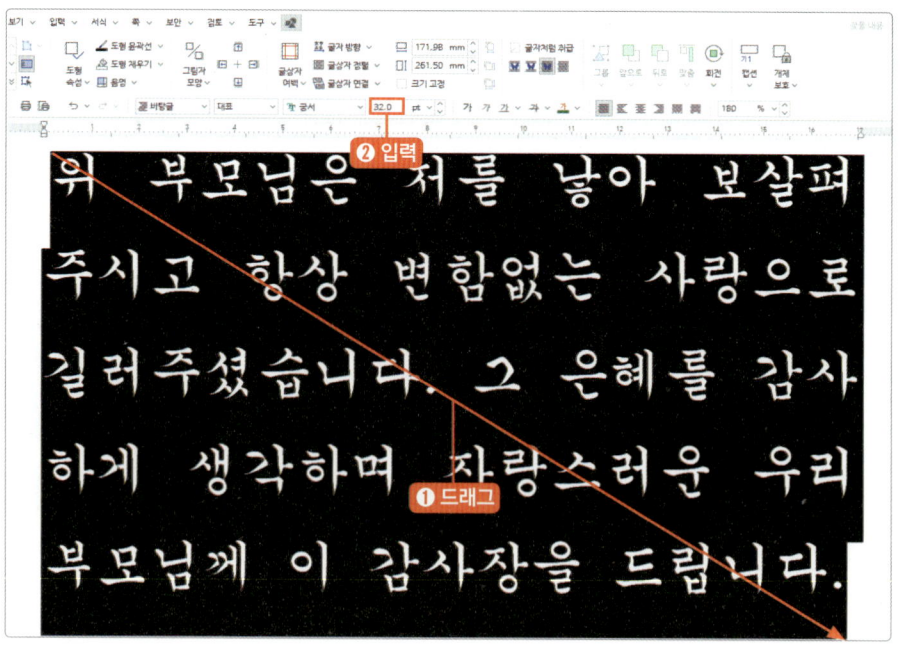

5 '2025년 6월 18일~홍 길 동 드림'까지 블록으로 지정한 다음 [서식 도구 상자]에서 서식을 지정해요.
➡ [서식 도구 상자]-'글자 크기(28pt), 가운데 정렬(≡)'

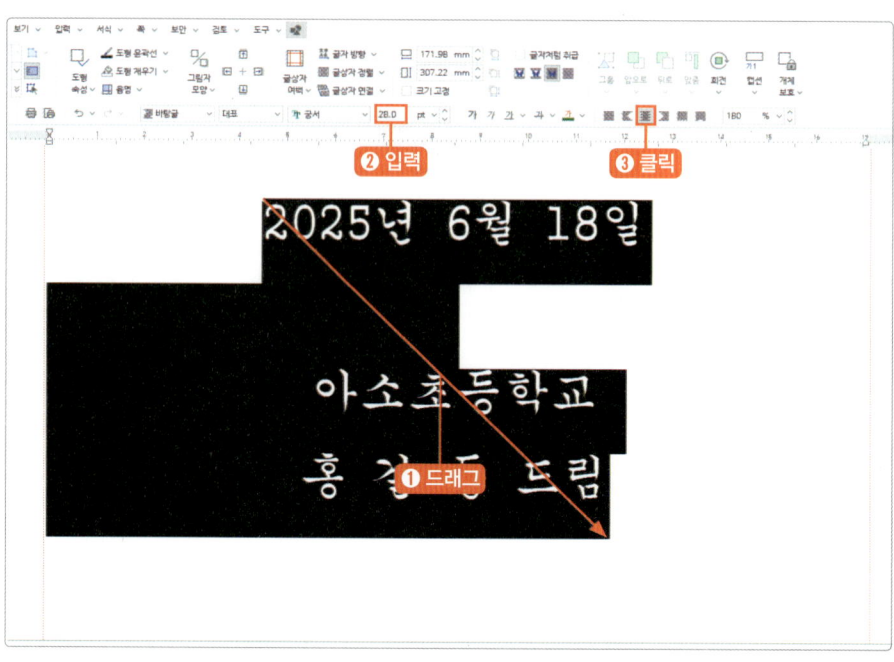

📂 불러올 파일 : 13장_혼자서.hwpx 💾 완성된 파일 : 13장_혼자서(완성).hwpx

 '13장_혼자서.hwpx' 파일을 불러온 후, 아래 그림과 같이 작품을 완성해 보세요.

➡ '일시'는 오늘 날짜를 입력해요.
➡ 글꼴, 글자 크기 등은 자유롭게 지정해요.

우 수 상

홍 길 동

위 어린이는 컴퓨터 방과후
교실 수업에 성실하고 열심히
공부하여 우수상을 드립니다.

일시 : 2025년 06월 18일

아 소 초 등 학 교
컴 퓨 터 방 과 후 교 실

CHAPTER 14
내가 만든 상장을 드릴게요!

학습목표
- 예쁜 배경과 글상자로 감사장 만들기

배울 내용 미리보기!

📁 불러올 파일 : 14장.hwpx   📁 완성된 파일 : 14장(완성).hwpx

그림으로 꾸미기 된 감사장 맞지요?

맞아요! 그림으로 감사장을 꾸며봤어요. 그림 쏙~ 넣기!

감 사 장

부 모 님

위 부모님은 저를 낳아 보살펴 주시고 항상 변함없는 사랑으로 길러주셨습니다. 그 은혜를 감사하게 생각하며 자랑스러운 우리 부모님께 이 감사장을 드립니다.

2025년 6월 18일

아소초등학교
홍 길 동 드림

■ 가장 친한 친구에게 우정상을 만들어 보여주세요.

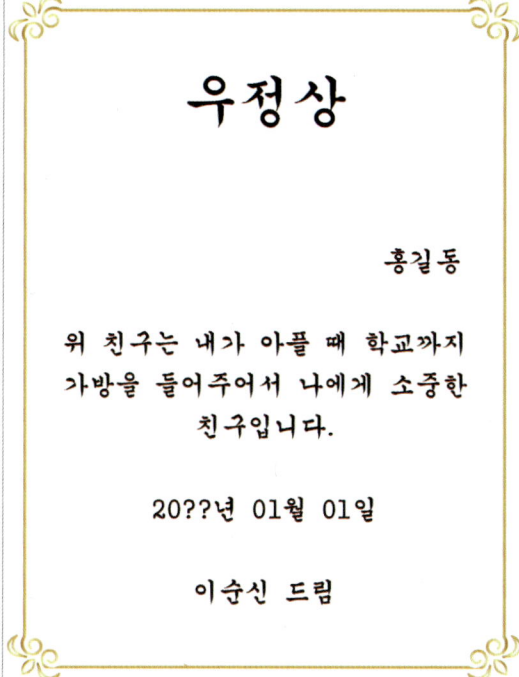
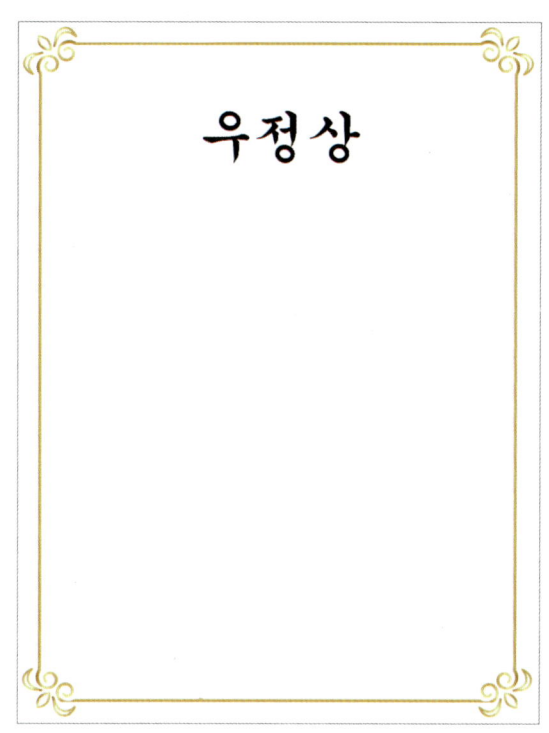

01 알록달록 배경 꾸미기!

1 '14장.hwpx' 파일을 불러온 다음 [쪽 테두리/배경(🖼)]에서 '그림'을 선택해요.

➤ [쪽] 탭-[쪽 테두리/배경(🖼)]-[배경]-[채우기]-'그림' 체크-<그림 선택(📁)> 단추 클릭

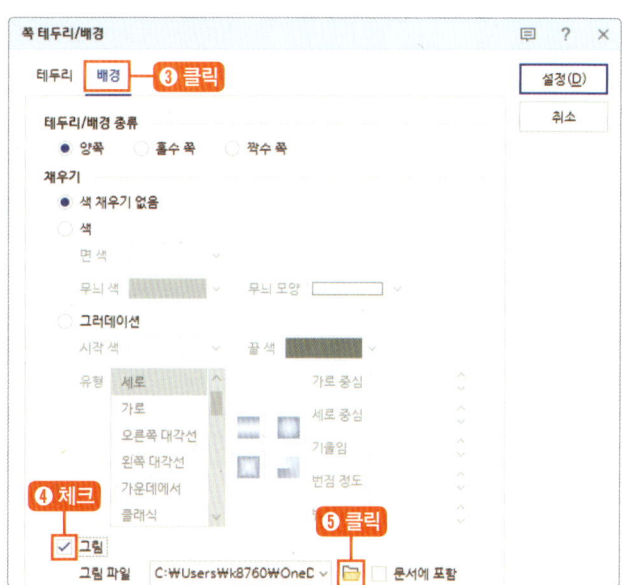

CHAPTER 14 내가 만든 상장을 드릴게요! **087**

2 '감사장배경' 파일을 선택한 다음 '문서에 포함'을 체크를 해요.

➡ [불러올 파일]-[14장]-'감사장배경'-'문서에 포함' 체크한 다음 <열기>-<설정> 단추 클릭

02 글자에 마법을 걸어볼까요?

1 바탕에 그림으로 채우기 위해 [개체 속성]을 클릭해요.

➡ [마우스 오른쪽 단추]-[개체 속성]

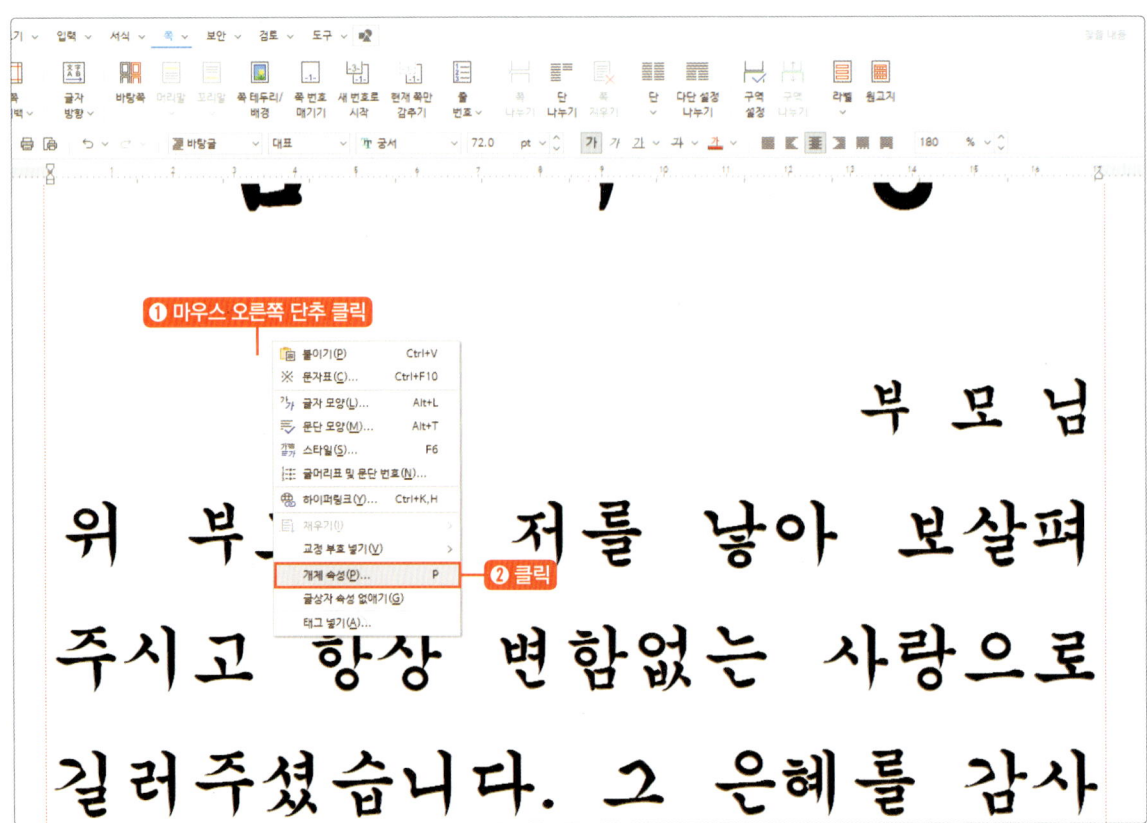

2. '카네이션' 파일을 선택하고 '문서에 포함'을 체크해요.

➡ [채우기] 탭-[그림]-<그림 선택( )>-[불러올 파일]-[14장]-'카네이션' 선택-'문서에 포함' 체크

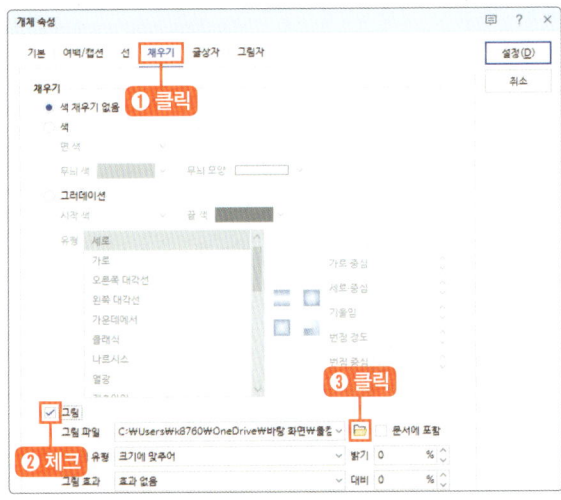

3. [채우기 유형]과 [투명도]을 지정해요.

➡ [채우기 유형] : 가운데로, [투명도] : 65%

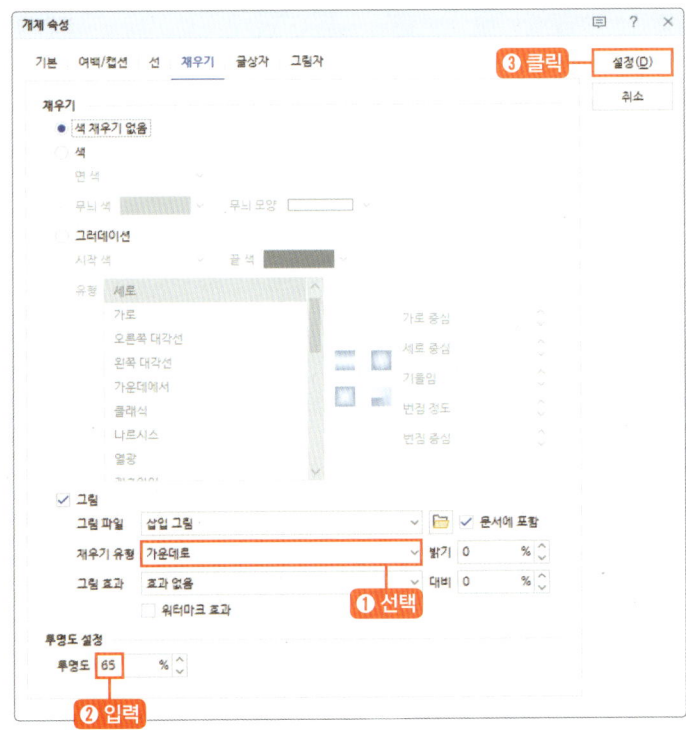
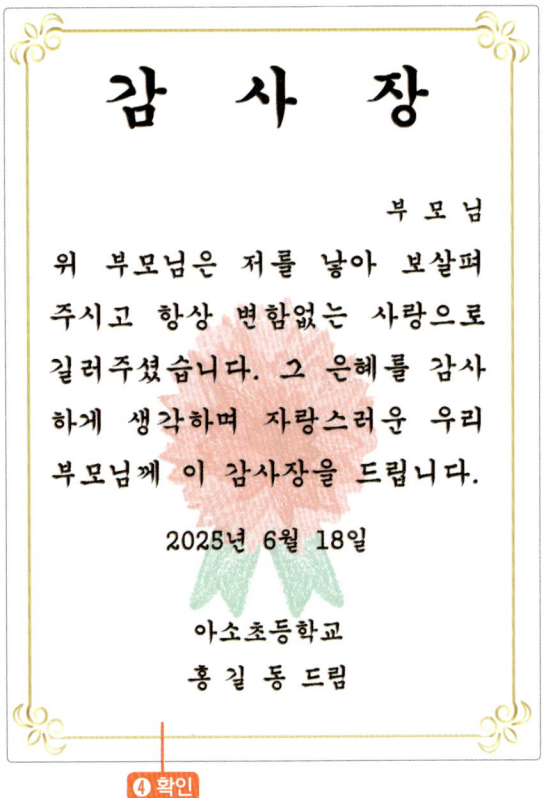

CHAPTER 14 내가 만든 상장을 드릴게요! **089**

03 나만의 특별한 직인 만들기!

1 글상자를 적당한 크기로 만든 다음 글자를 입력해요.

➡ [입력]-[가로 글상자(☰)]-'크기와 위치를 조절'-'사랑해요' 글자를 두 줄로 입력

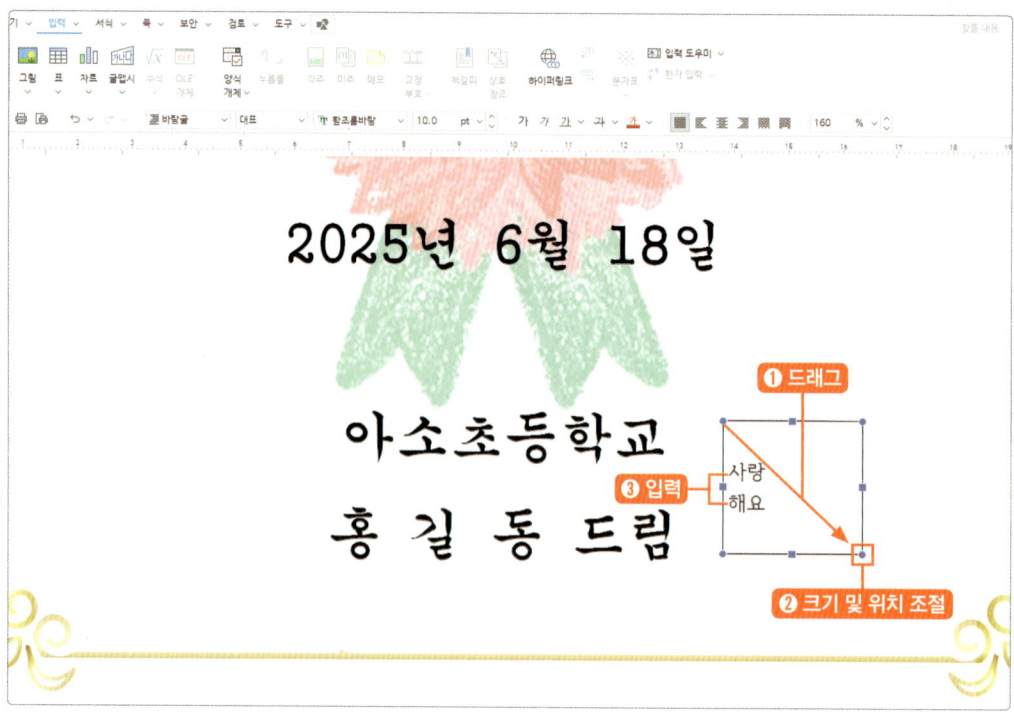

2 글상자 테두리를 클릭한 다음 [서식 도구 상자]에서 서식을 지정해요.

➡ [서식 도구 상자]-'글꼴(양재블럭체), 글자 크기(32pt), 진하게, 글자 색(빨강), 가운데 정렬, 줄 간격(100%)'

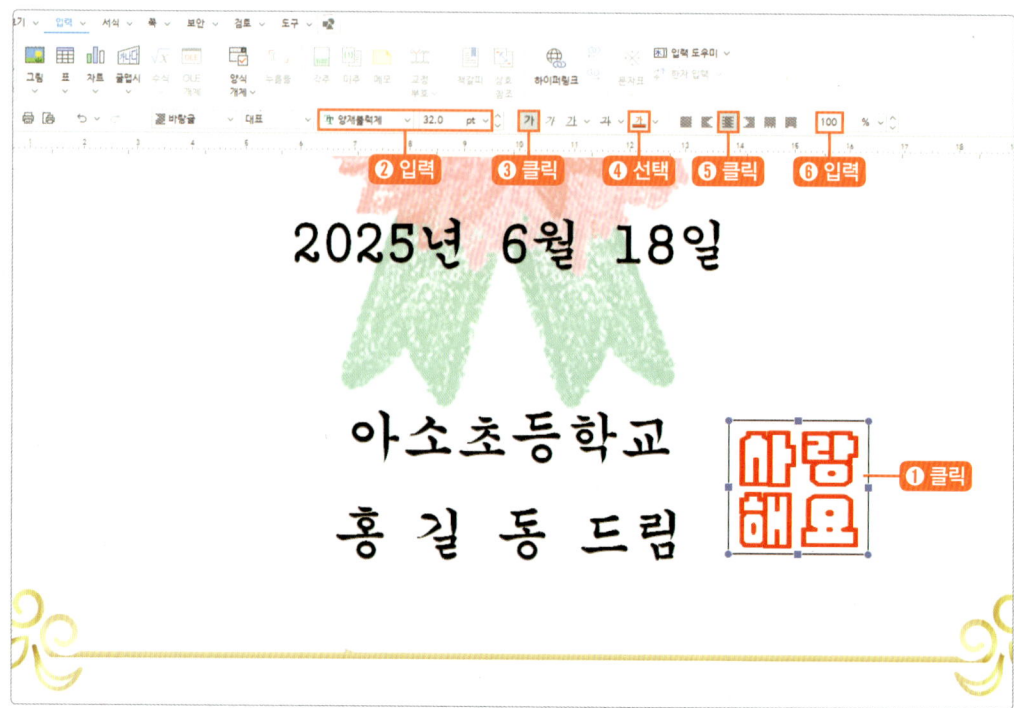

3. 직인 테두리를 더블 클릭한 다음 '선 색'과 '선 굵기'를 지정해요.

➡ 글상자의 테두리 더블 클릭-[선] 탭-'선 색(빨강), 선 굵기(1.0mm)'

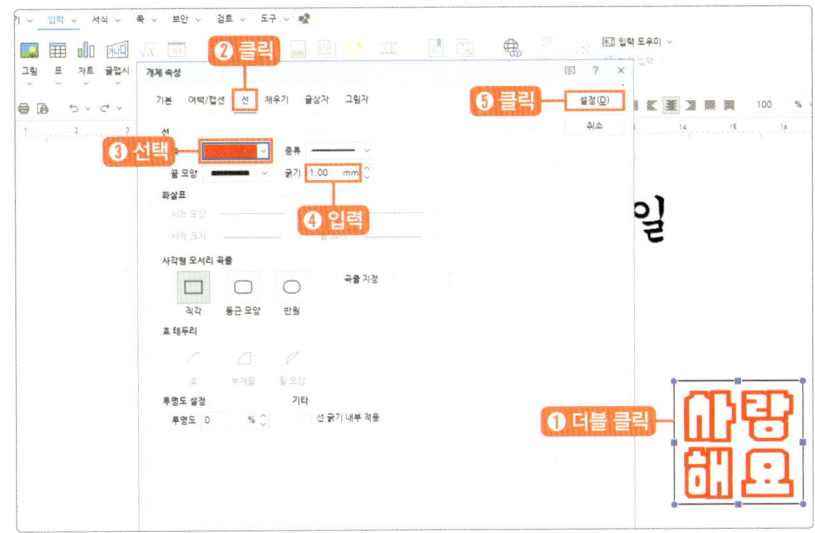

CHAPTER 14 혼자서 뚝 딱 뚝 딱

📁 불러올 파일 : 14장_혼자서.hwpx   💾 완성된 파일 : 14장_혼자서(완성).hwpx   ☐ 지금하기 ☐ 나중에 하기

1 '14장_혼자서.hwpx' 파일을 불러온 후, 아래 그림과 같이 작품을 완성해 보세요.

➡ 'ㅇ ㅇ ㅇ'을 드래그하여 블록으로 지정한 후, '홍 길 동(친구이름)'을 입력해요.

➡ '△'을 드래그하여 블록으로 지정한 후, 원하는 날짜를 입력해요.

➡ 'ㅁ ㅁ ㅁ'을 드래그하여 블록으로 지정한 후, '김 아 소(내 이름)'를 입력해요.

➡ 배경에 '감사장배경' 그림을 선택해요.

➡ 글상자에 '꽃' 이미지를 입력한 다음 '투명도(80%)'를 지정해요.

> 모든 그림 입력은 '문서에 포함'을 체크해요.

CHAPTER 15
우와! 내가 만든 멋있는 우표

학습목표

- 도형으로 제목 꾸미기 놀이!

 배울 내용 미리보기!

📁 불러올 파일 : 15장.hwpx　　📁 완성된 파일 : 15장(완성).hwpx

 창의력 쑥쑥

■ 우표는 편지를 보낼 때 사용합니다.
　우표를 붙이면 원하는 어느 곳이든 갈 수 있다면 어떤 곳으로 편지를 보내고 싶나요?
　우주? 바다? 무인도? 편지가 도착할 장소를 생각해볼까요? 왜 가고 싶은지도 알려주세요.

01 도형 친구들 복사로 더 많이 만들기!

1 '15장.hwpx' 파일을 불러온 다음 이미지를 보고 적당한 위치에 타원 도형을 그려요.

> Shift 키를 누른 채 드래그하면
> 반듯한 원을 그릴 수 있어요!

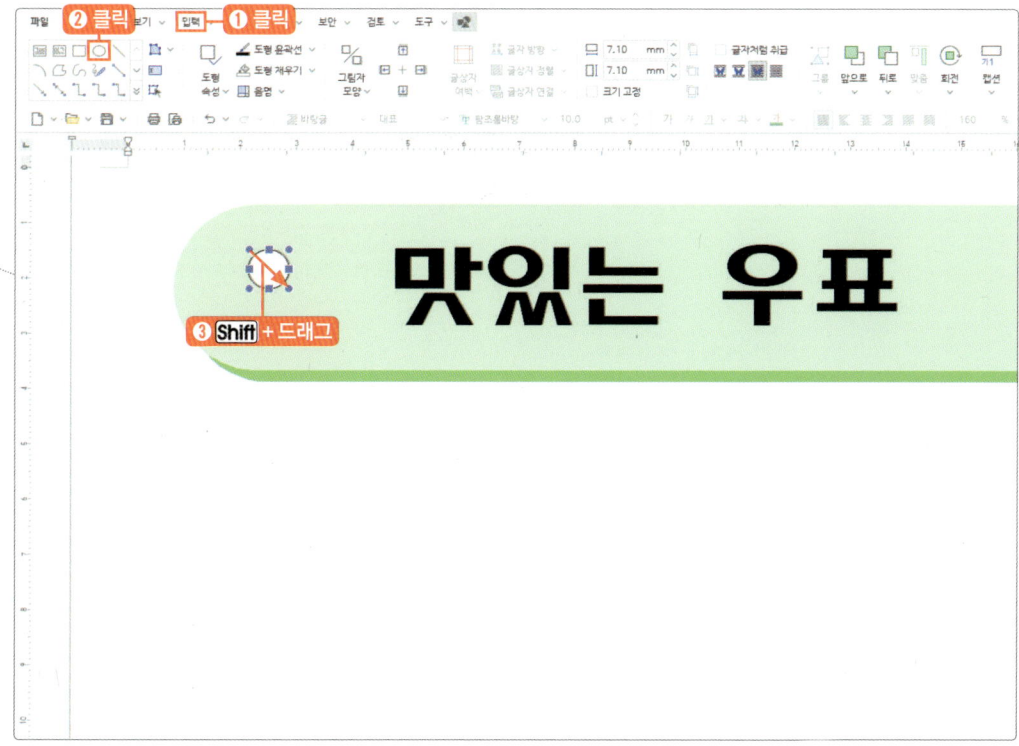

CHAPTER 15 우와! 내가 만든 멋있는 우표 **093**

2 타원 테두리를 더블 클릭한 다음 [기본] 탭, [채우기] 탭, [그림자] 탭에서 각각 서식을 지정해요.
➡ [기본] 탭-'너비(11mm), 높이(11mm)'
➡ [채우기] 탭-'면 색(바다색 40% 밝게)'
➡ [그림자] 탭-'그림자 종류(오른쪽 아래( )), 그림자 색(바다색 60% 밝게)'

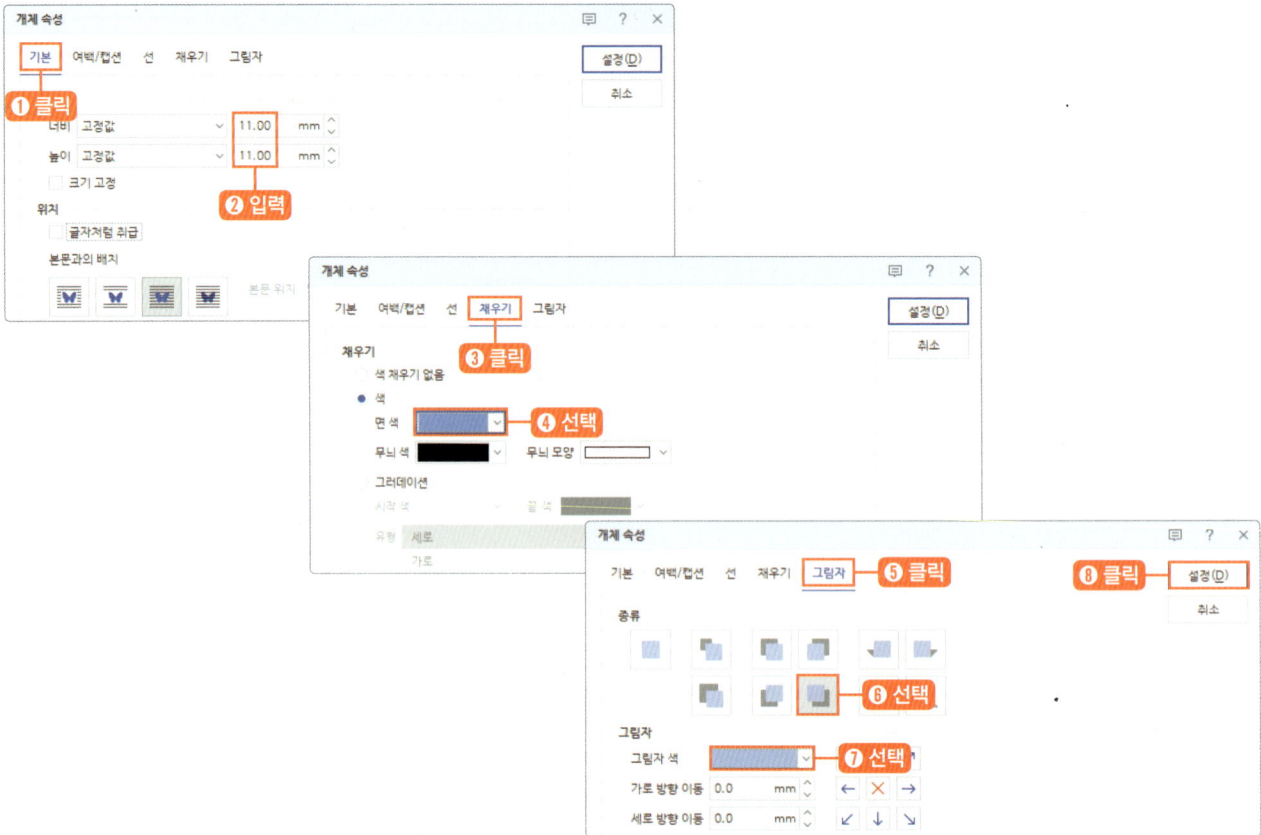

3 적당한 위치로 이동한 다음 Ctrl + Shift 키를 누른 채 오른쪽으로 도형을 복사해요.

02 도형 친구들과 함께 놀아요!

1 이미지를 보고 적당한 위치에 직사각형 도형을 그려요. ➡ [입력] 탭-[직사각형(　)]

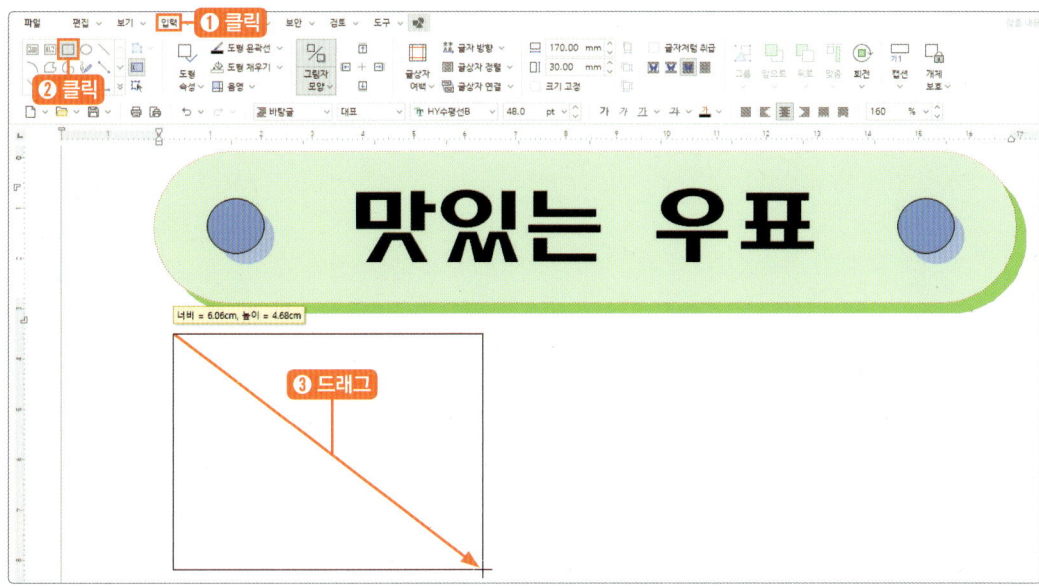

2 직사각형 테두리를 더블 클릭한 다음 [기본] 탭, [선] 탭, [채우기] 탭, [그림자] 탭에서 각각 서식을 지정해요.
➡ [기본] 탭-'너비(80mm), 높이(65mm)' ➡ [선] 탭-'색(검은 바다색), 종류(원형 점선), 굵기(2mm)'
➡ [채우기] 탭-'면 색(하양)' ➡ [그림자] 탭-'그림자 종류(오른쪽 아래(　))'

 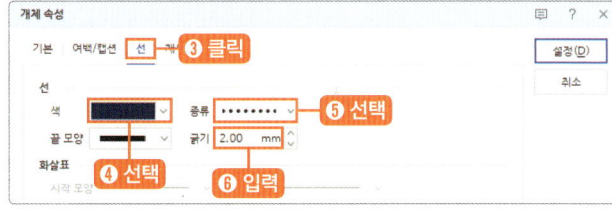

3 적당한 위치로 이동한 다음 Ctrl + Shift 키를 누른 채 오른쪽으로 도형을 복사해요.

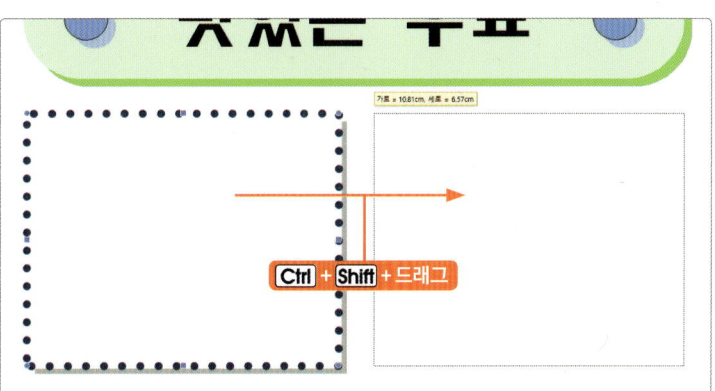

CHAPTER 15 우와! 내가 만든 멋있는 우표 **095**

4 위쪽 두 개의 도형을 Shift 키를 누른 채 클릭한 다음 Ctrl + Shift 키를 누른 채 아래 쪽으로 도형을 복사해요.

똑같은 방법으로 도형을 복사해서 6개의 도형을 만들어요.

03 그림으로 내 마음을 표현해요!

1 첫 번째 도형을 더블 클릭한 다음 [그림]을 입력해요.
➡ [채우기] 탭-[그림] 체크-<그림 선택(📁)> 클릭

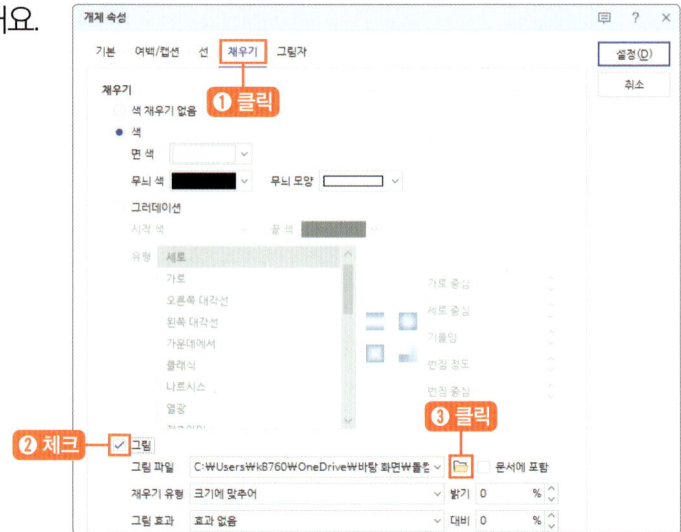

2 '음식1' 이미지를 선택한 다음 '문서에 포함'을 체크해요.
➡ [불러올 파일]-[15장]-'음식1' 선택-'문서에 포함' 체크한 다음 <열기>-<설정> 단추 클릭

3 같은 방법으로 나머지 도형에도 그림을 추가해요.

📁 불러올 파일 : 15장_혼자서.hwpx   📄 완성된 파일 : 15장_혼자서(완성).hwpx   ☐ 지금하기 ☐ 나중에 하기

 '15장_혼자서.hwpx' 파일을 불러온 후, 아래 그림과 같이 작품을 완성해 보세요.

- ▶ [입력] 탭-[그리기 개체]-'직사각형'을 입력
- ▶ [직사각형]-[개체 속성]-[기본] 탭-'너비(170mm), 높이(200mm)', [선] 탭-'선 색(하양), 선 종류(원형 점선), 선 굵기(2mm)', [채우기] 탭-'면 색 (바다색)'
- ▶ [입력] 탭-[그리기 개체]-[직사각형]-그려진 도형 위로 드래그해요.
- ▶ [직사각형]-[개체 속성]-[기본] 탭-'너비(165mm), 높이(195mm)', [선] 탭-'선 종류(선 없음)', [채우기] 탭-'면 색(하양)' 지정한 후, 바다색 도형 안쪽에 배치해요.
- ▶ 스포츠 그림은 [그리기 마당]의 <클립아트 다운로드>에서 '스키, 태권도, 기계체조(도마), 펜싱'을 검색해서 다운로드 받아 입력해요.

CHAPTER 16 혼자서도 잘해요!

학습목표
- 9일차~15일차에서 배운 내용을 혼자 스스로 완성해요.

문제 01 〈작업 순서〉를 참고하여 아래 그림과 같이 문서를 완성해요.

📁 불러올 파일 : 16장-1.hwpx　　📄 완성된 파일 : 16장(완성)-1.hwpx

• 작업 순서 •

1. 파일을 불러와요. ➡ [불러올 파일]-[16장]-'16장-1.hwpx'을 선택

2. [직사각형] 도형을 입력해요. ➡ [입력]-[직사각형], 크기(너비-100mm, 높이-120mm)

3. 도형의 선 모양을 변경해요.
   ➡ [마우스 오른쪽 단추]-[개체 속성]-[선] 탭-'색(주황), 종류(원형점선), 굵기(1.0mm), 사각형 모서리 곡률(둥근모양)'

4. 도형의 채우기 색을 변경해요. ➡ [채우기] 탭-'면 색(주황 80% 밝게)'

5. 안쪽 직사각형을 만들고 크기 및 선 색을 변경해요.
   ➡ [마우스 오른쪽 단추]-[개체 속성]-[기본] 탭-'크기(너비-80mm, 높이-100mm)'
   ➡ [선] 탭-'선 색(주황)', 사각형 모서리 곡률(둥근모양)

6. 오른쪽으로 복사하여 도형의 면 색과 선 색을 변경해요. ➡ 본인이 마음에 드는 색으로 변경해요.

문제 02 〈작업 순서〉를 참고하여 아래 그림과 같이 문서를 완성해요.

📂 불러올 파일 : 16장-2.hwpx　　📄 완성된 파일 : 16장(완성)-2.hwpx

• 작업순서 •

1. 파일을 불러와요.
   ➡ [불러올 파일]-[CHAPTER 16]-'16장-2.hwpx'을 선택

2. [글맵시]를 입력해요.
   ➡ [입력] 탭-[글맵시]-'내용(즐거운 가을 캠핑)'
   ➡ [글맵시] 더블 클릭-[기본] 탭-'너비(180mm), 높이(70mm)', [선] 탭-'선 종류(없음)', [채우기] 탭-'하늘배경.jpg' 입력
   ➡ [글맵시] 탭-'글맵시 모양(팽창), 글꼴(한컴 윤체 B), 그림자(비연속), X 위치(1%), Y 위치(4%)'

CHAPTER 17
쉿! 임금님의 비밀

학습목표
- 문단 첫 글자를 예쁘게 꾸며봐요!
- 행복한 임금님 만들기!

 배울 내용 미리보기!

📁 불러올 파일 : 17장.hwpx 📄 완성된 파일 : 17장(완성).hwpx

글자 하나만 크~게 잘 보이네요.

돋보기로 확대??

문단 첫 글자장식 이라고 해요. 맨 앞 글자가 커진답니다.

한 나라의 임금님은 어느날 당나귀처럼 커져버린 귀를 백성들에게 비밀로 하기 위해 항상 숨기고 다녔어요.
그러나 결국 대나무 숲을 통해 '임금님의 귀가 당나귀 귀' 라는 것이 나라에 소문이 났어요. 임금님은 보통 사람과 같은 귀를 가지게 해 달라고 매일 밤마다 간절하게 기도했어요.
그러자, 귀가 조금씩 줄어들어 임금님은 예쁜 귀를 가지게 되었어요.
행복한 얼굴의 임금님은 과연 어떤 모습일까요?

100 돌아온 꿈트리_한글 2022

 창의력 플러스

■ 아래의 그림은 어떠한 속담을 표현하였어요.
속담 해석을 하기 전에 그림만 보고 어떤 속담일까 한 번 생각해 볼까요?

01 임금님 글자 꾸미기 놀이!

1 '17장.hwpx' 파일을 불러온 다음 글자 전체를 블록을 지정한 후, 서식을 지정해요.

▶ 전체 블록(Ctrl+A) 지정-[서식 도구 상자]-'글꼴(맑은 고딕)', 글자 크기(15pt)'

2 '대나무 숲' 글자를 블록으로 지정한 다음 서식을 지정해요.

▶ [서식 도구 상자]-'기울임(가)', 글자 색(멜론색)'

멜론색은 [테마 색상표]-[NEO]에 있어요.

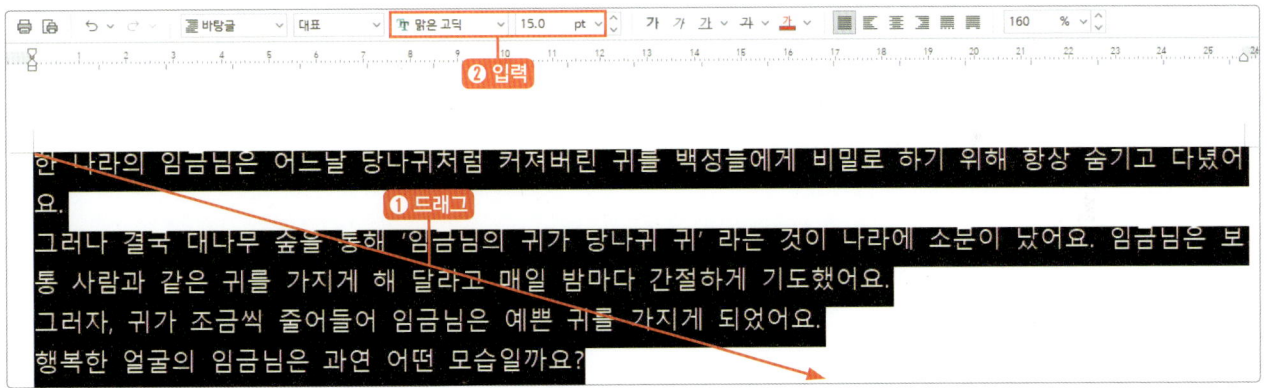

CHAPTER 17 쉿! 임금님의 비밀 **101**

3 '행복한 얼굴의 임금님' 글자를 블록으로 지정한 다음 서식을 지정해요.

➡ [서식 도구 상자]-'진하게(가)', 글자 색(진달래색)'

> 진달래색은 [테마 색상표]-[NEO]에 있어요.

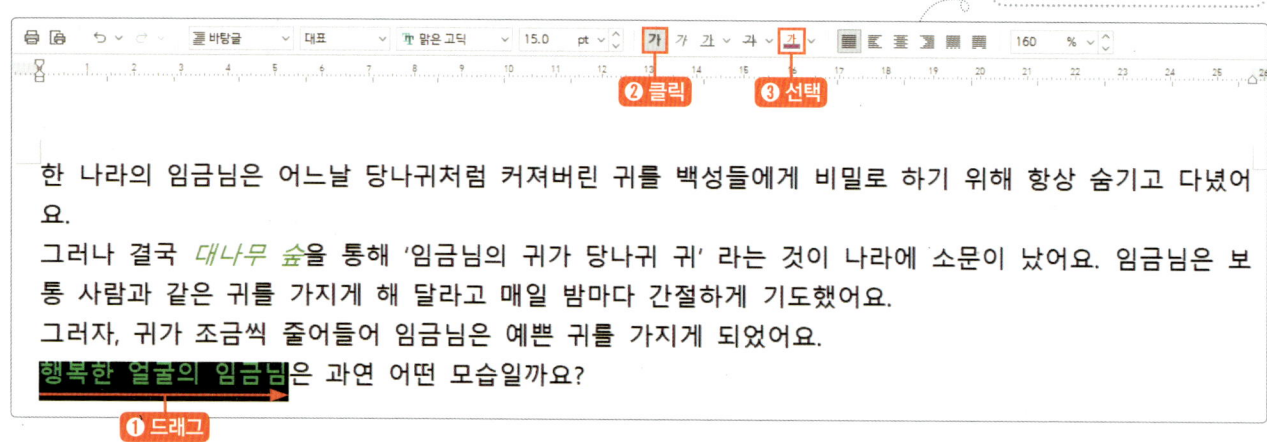

02 문단 첫 글자를 예쁘게 꾸며봐요!

1 문단의 가장 앞 글자인 '한'의 뒤를 클릭해요.

2 '문단 첫 글자 장식'을 클릭한 다음 서식을 지정해요.

➡ [서식] 탭-[문단 첫 글자 장식(갈)]-'모양(2줄), 글꼴(궁서), 면 색(노른자색)'

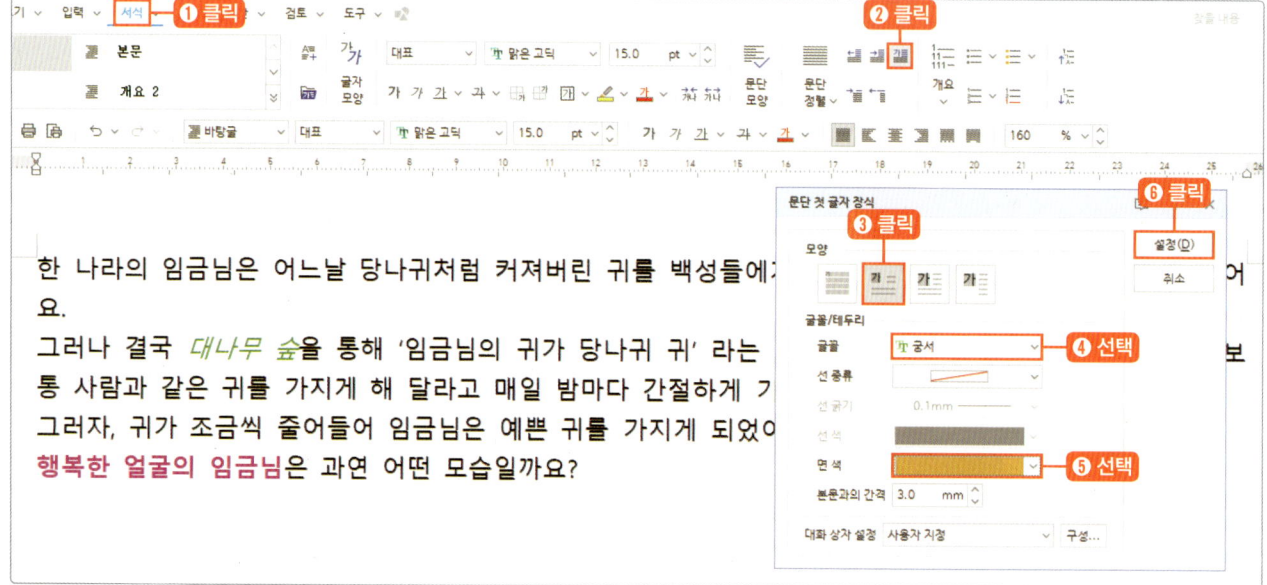

 **03 그리기 마당에서 뚝딱! 멋진 그림 넣기**

1. [그리기마당] 메뉴에서 '임금님'을 검색해서 내용에 입력해요.
    ➡ [입력] 탭-[그림]-[그리기 마당]-<클립아트 다운로드>-'임금님' 검색해서 내려 받은 다음 본문에 입력

2. 마우스 커서가 ✛ 모양으로 변경되면 드래그 하여 입력하고 크기 및 위치를 조절해요.

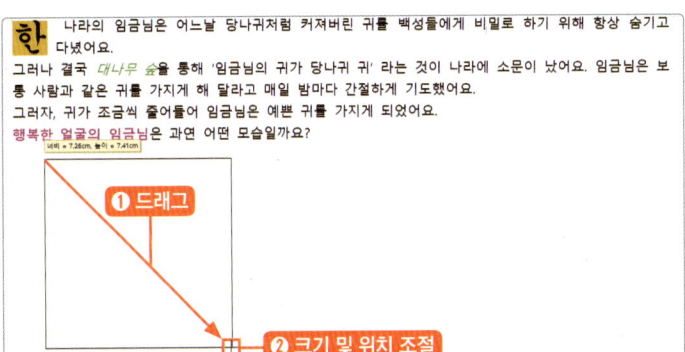

CHAPTER 17 혼자서 뚝딱뚝딱

📁 불러올 파일 : 17장_혼자서.hwpx   📄 완성된 파일 : 17장_혼자서(완성).hwpx   ☐ 지금하기 ☐ 나중에 하기

1. '17장_혼자서.hwpx' 파일을 불러온 후, 아래 그림과 같이 작품을 완성해 보세요.

    ➡ [서식 도구 상자]-'글꼴(맑은 고딕), 글자 크기(20pt)'
    ➡ 문단의 가장 앞 글자 '내'의 뒤를 클릭-문단 첫 글자 장식-'모양(2줄), 글꼴(한컴 쿨재즈 B) 면 색(노랑)'
    ➡ 내용의 맨 마지막 줄 ('가장~법이야')까지 범위 지정-[서식 도구 상자]-기울임, 글자 색(보라)'

CHAPTER 18
내가 만든 특별한 문자, 이모티콘

학습목표

- 키보드 마법사가 되어 보아요!

배울 내용 미리보기!   📁 불러올 파일 : 18장.hwpx   📄 완성된 파일 : 18장(완성).hwpx

창의력 뿜뿜

■ 눈과 입의 표정만으로도 감정을 알 수 있어요. 무슨 일이 있었을까요?

---

01 도형 친구들 복사하고 색칠하기 놀이!

1 윈도우 탐색기를 실행한 다음 '18장.hwpx' 파일을 더블 클릭하여 한글 파일을 실행해요.

➡ [불러올 파일]-[18장]-'18장.hwpx'

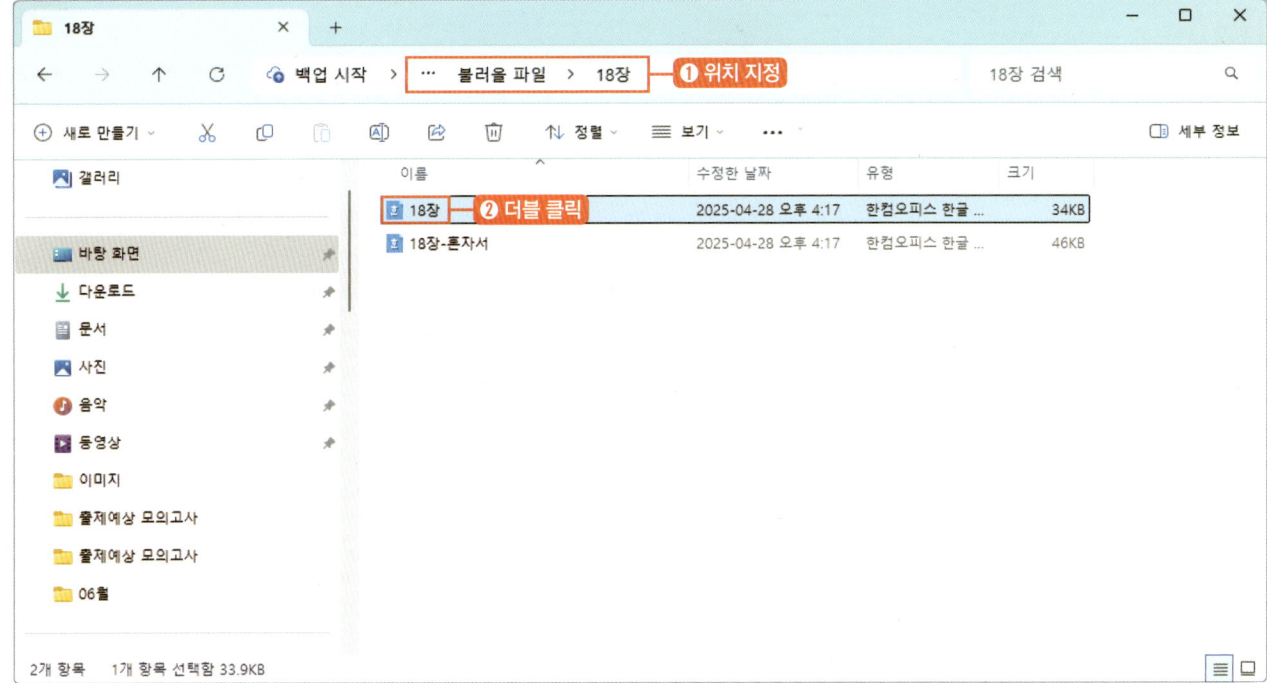

CHAPTER 18 내가 만든 특별한 문자, 이모티콘 **105**

2 도형 두 개를 Shift 키를 눌러 모두 선택한 다음 Ctrl + Shift 키를 누른 채 아래로 드래그해요

Shift 키를 누른 채 클릭하면 다중 선택이 가능하고, Shift 와 Ctrl 키를 동시에 누르고 드래그하면 수평, 수직으로 복사를 할 수 있어요.

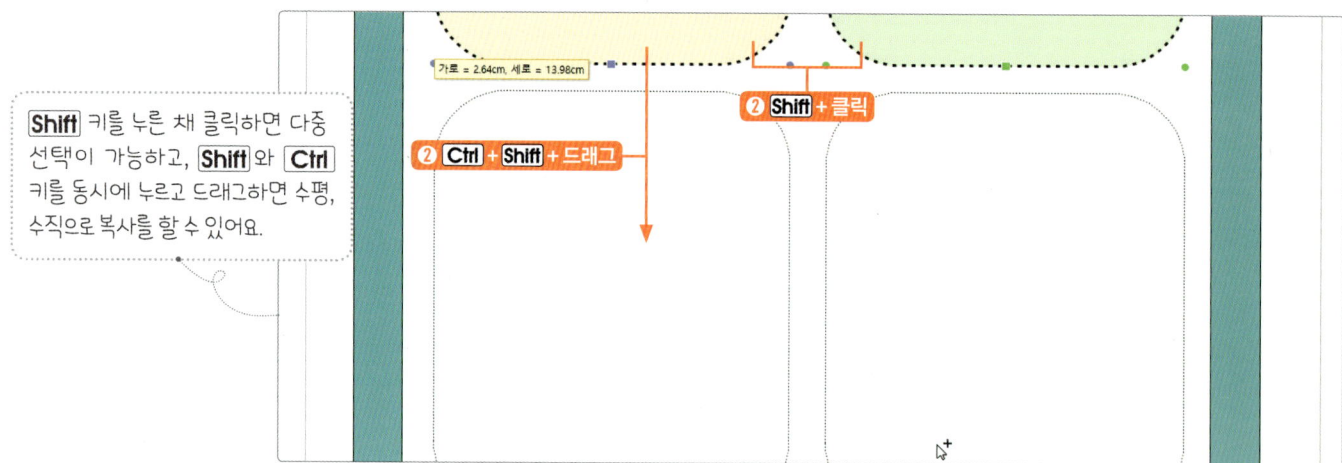

3 복사한 도형을 클릭한 다음 채우기 색을 변경해요.
➡ [도형] 탭-[도형 채우기]의 자세히(∨) 단추를 클릭-'원하는 색' 클릭

채우기 면색은 자신이 원하는 색으로 지정해 보세요.

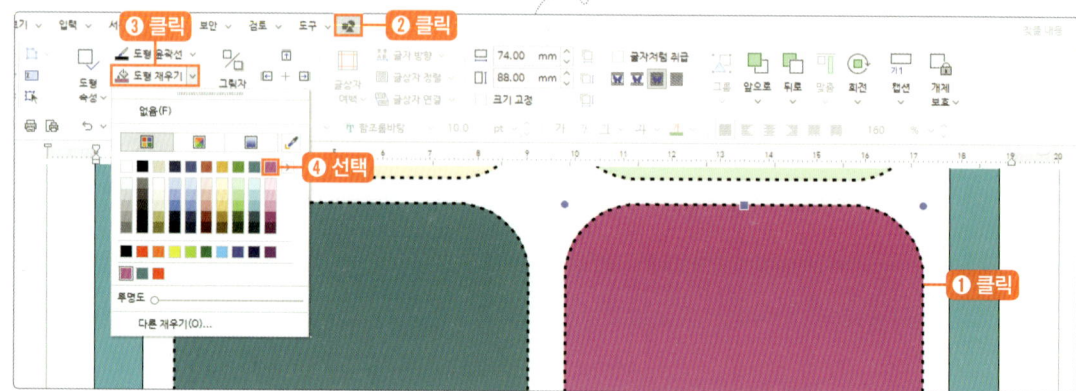

02 내가 쓴 글자, 예쁘게 꾸며볼까? 마법 같은 변화를 느껴봐!

1 첫 번째 도형 위에서 마우스 오른쪽 단추를 클릭한 다음 '도형 안에 글자 넣기'를 클릭해요.

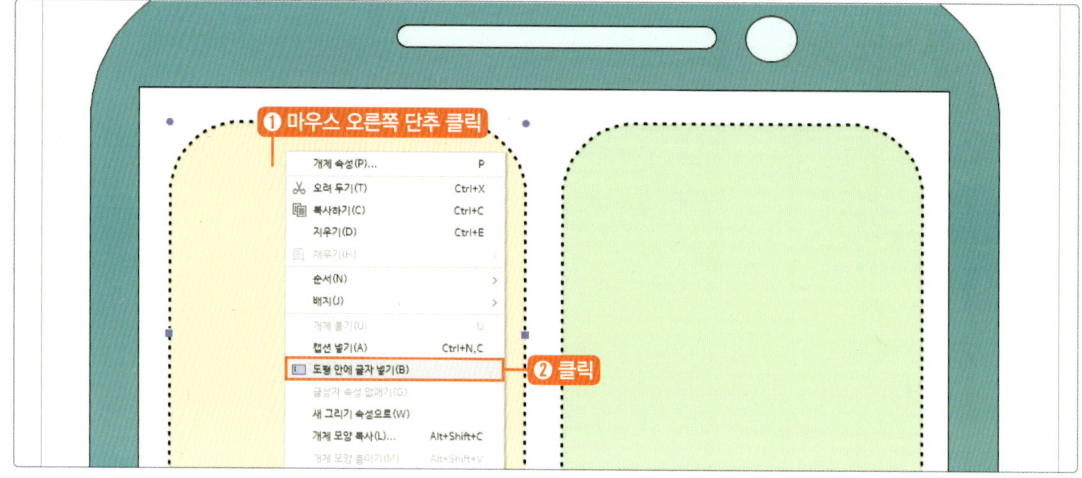

106 돌아온 꿈트리_한글 2022

2 도형 안에 아래 그림을 참고해서 글자를 입력해요.
➡ '엄마 사랑해요' 입력-Enter 키-'아빠 사랑해요' 입력

3 '엄마 사랑해요'와 '아빠 사랑해요' 글자 오른쪽을 한 칸 띄운 후, 문자표를 입력해요.
➡ Ctrl + F10 -[사용자 문자표]-[기호2]-'♡'와 '♥'

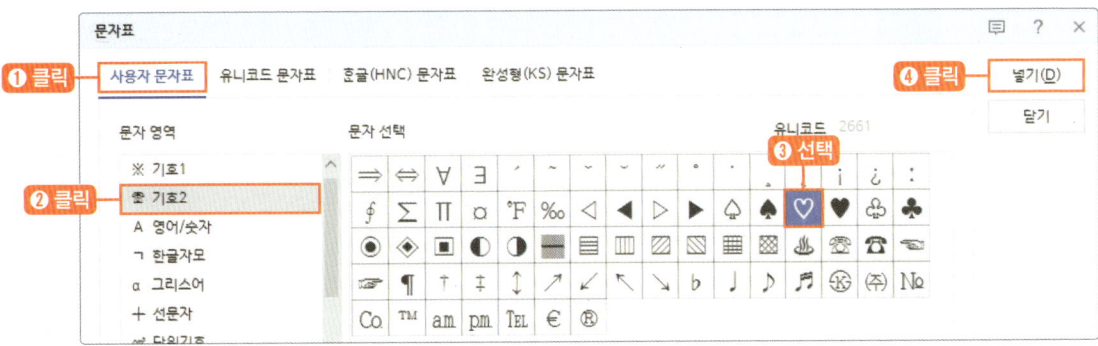

4 '♥' 문자표에서 Enter 키를 누른 다음 아래 그림처럼 문자표를 입력해요.
➡ Ctrl + F10 -[사용자 문자표]-[기호1]-')', '▽', '〈'

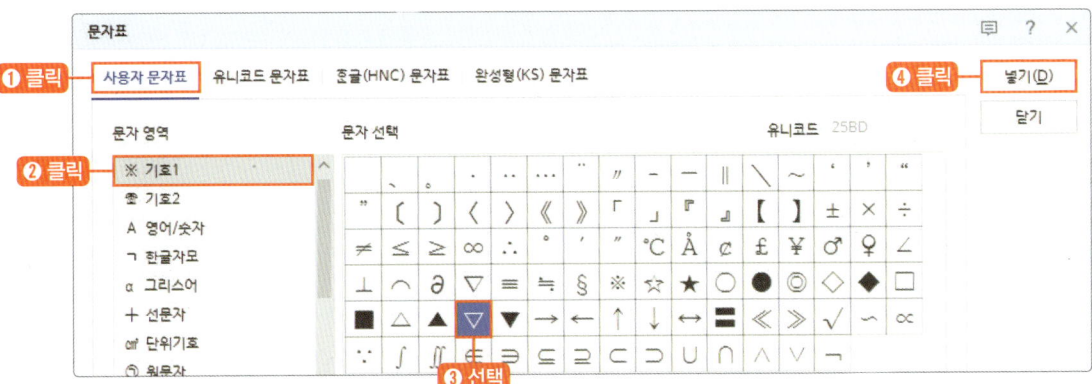

5 내용 전체를 블록으로 지정한 다음 [서식 도구 상자]에서 서식을 지정해요.
➡ [서식 도구 상자]-'글꼴(맑은 고딕), 글자 크기(20pt), 가운데 정렬(≡)'

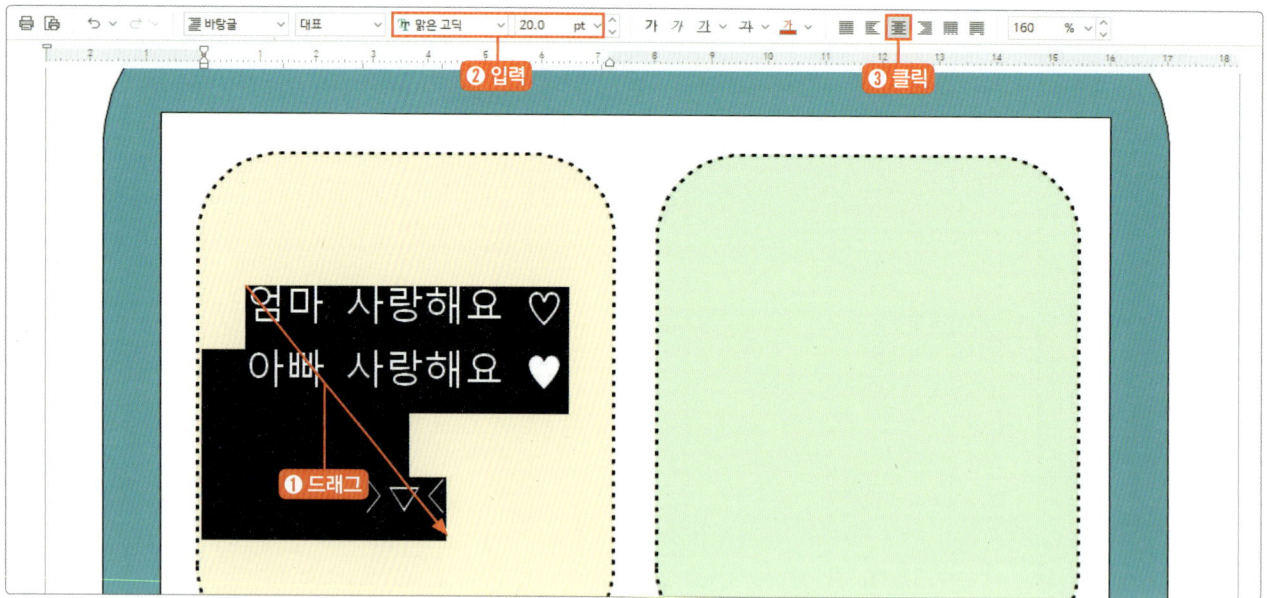

6 위와 같은 방법으로 두 번째의 문자(이모티콘)도 완성해요.

글꼴(HY나무M), 글자 크기(18pt), 가운데 정렬

'▽' 문자는 [사용자 문자표] 문자 영역(기호1), '>, <, ^, *'는 모두 키보드에 있어요!

CHAPTER 18

📁 불러올 파일 : 18장_혼자서.hwpx   📁 완성된 파일 : 18장_혼자서(완성).hwpx   ☐ 지금하기 ☐ 나중에 하기

---

1 문자표를 입력하여 마지막 도형의 이모티콘을 완성해 보세요.

▶ 3번째 도형
 글꼴(HY수평선B), 글자 크기(20pt), 가운데 정렬
 [한글(HNC) 문자표]-[기타 기호]에서 문자표를 찾아요!

▶ 4번째 도형
 글꼴(양재블록체), 글자 크기(18pt), 가운데 정렬
 [사용자 문자표]-[특수기호 및 딩뱃기호]에서 문자표를 찾아요!

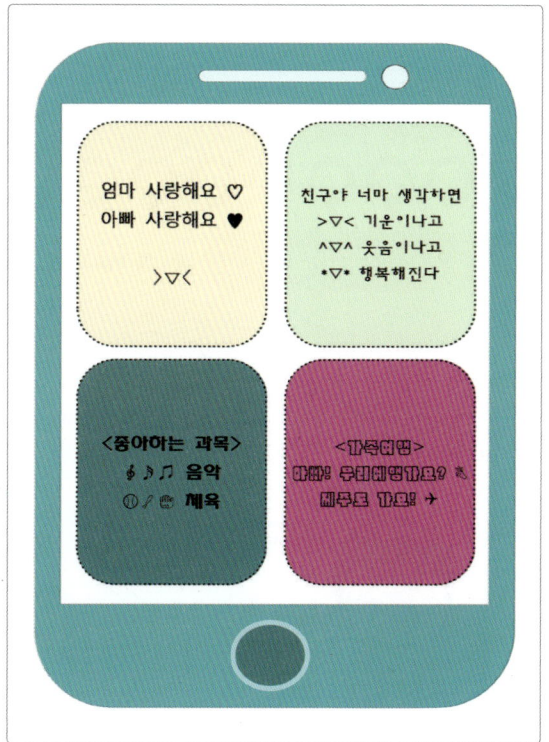

 **문자표 한 번에 입력 하기**

입력하려는 문자표를 각각 더블 클릭하면 '입력 문자' 입력 칸에 선택한 문자표가 나타나고 <넣기>를 클릭하면 한 번에 여러 개의 문자를 입력할 수 있어요.

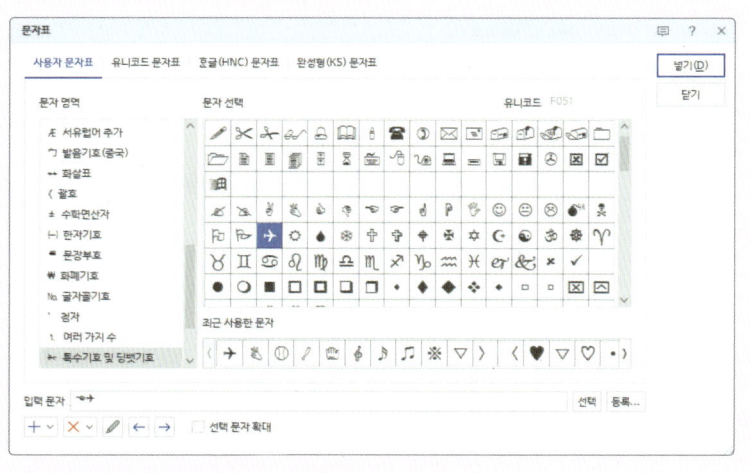

CHAPTER 18 내가 만든 특별한 문자, 이모티콘 **109**

CHAPTER 19
가로·세로 퍼즐 도전해볼까?

학습목표
- 문자표로 문서를 예쁘게 꾸며봐요!
- 가로·세로 낱말 퀴즈 만들기 놀이!

 불러올 파일 : 19장.hwpx 　완성된 파일 : 19장(완성).hwpx

표에 색이 떨어져서 있고 없고 하는데.. 한번에 색넣는 방법은 없을까?

있지! 우리 복사 때 사용한 Ctrl 키와 함께 쓰면 돼!

맞아요! 잘 생각했어요. Ctrl 키를 사용해 볼까요?

가로 세로 낱말 퀴즈

♣ **가로 퀴즈**
겨울에는 친구들과 이것을 만들며 놀아요.
가운데를 다른 말로 이렇게 불러요.
라면을 끓일 때는 이 도구가 필요해요.
검정 고무신, 도라에몽 등의 장르를 이렇게 불러요.

♣ **세로 퀴즈**
슬픈 일이 있을 때 눈에서 나와요.
초등학교를 졸업하면 이곳으로 진학해요.
여행을 다닐 때 필요한 비용을 말하는 단어에요.
비가 올 때 신어요.

[수수께기]

1 동물 중에 가장 비싼 동물은 ?

2 투명한 집을 영어로 하면?

3 이상한 사람들이 모이는 곳?

4 세상에서 제일 지루한 중학교는?

5 눈앞을 막았는데 더 잘보이는 것은?

01 퀴즈 내용을 멋지게 꾸며봐요!

1 '19장.hwpx' 파일을 불러온 다음 퀴즈 내용 전체를 블록으로 지정한 후, 서식을 지정해요.
➡ [서식 도구 상자]-'글꼴(휴먼모음T), 글자 크기(18pt)'

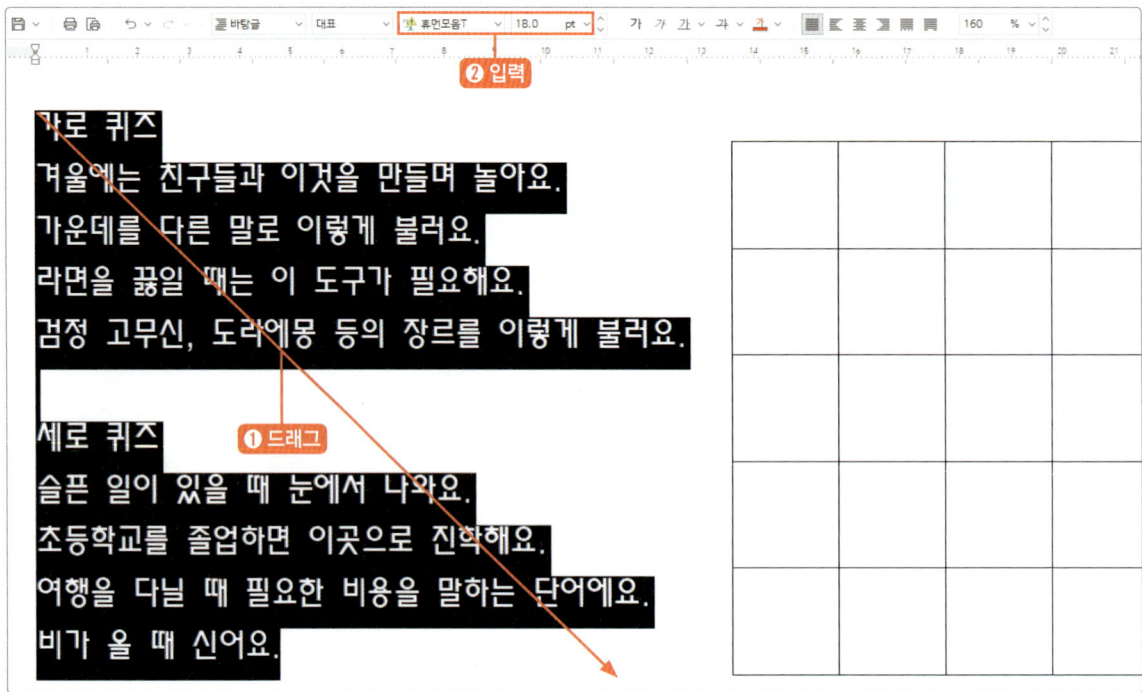

2 '가로 퀴즈'를 블록으로 지정한 다음 마우스 오른쪽 단추를 클릭한 후, [글자 모양]에서 음영 색을 지정해요.
➡ '음영 색(멜론색 40% 밝게)'

3 똑같은 방법으로 '세로 퀴즈' 글자를 블록으로 지정한 다음 음영색을 설정해요.
➡ '음영 색(노른자색 40% 밝게)'

4 '가로 퀴즈' 글자 맨 앞을 클릭한 다음 그림을 보고 문자표를 입력해요.
➡ Ctrl + F10 -[사용자 문자표]-[기호2]-'♣'

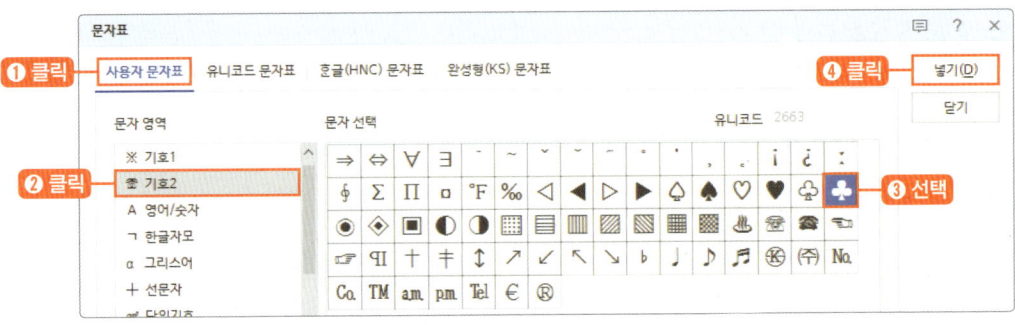

5 '♣'와 '가' 사이에 SpaceBar 키를 한 번 눌러 한 칸을 띄어줘요. 이어서, 똑같은 방법으로 '세로 퀴즈' 글자 앞에도 문자표를 입력해요.
➡ Ctrl + F10 -[사용자 문자표]-[기호2]-'♣'

CHAPTER 19 가로·세로 퍼즐 도전해볼까? **113**

02 표 속 셀을 예쁘게 꾸며봐요!

1 표 전체를 블록으로 지정한 다음 '테두리'를 지정해요.
➡ 전체 범위 지정-[L] 키-[테두리] 탭-[테두리]-'종류(얇고 굵은 이중선), 굵기(0.7mm), 모두'

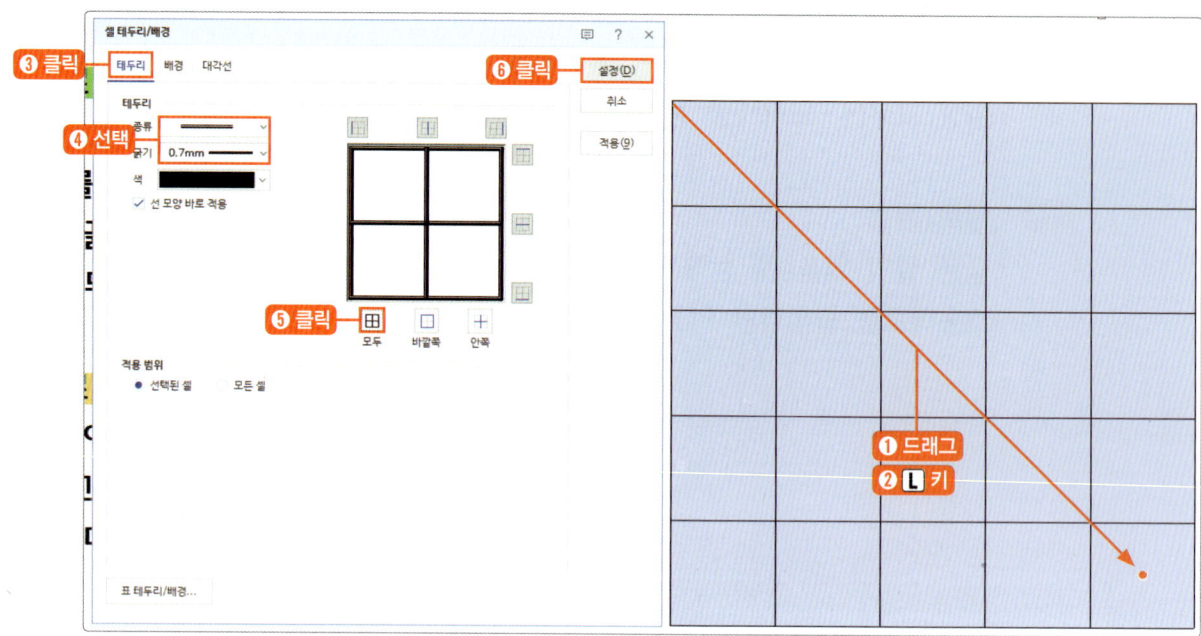

2 아래 그림과 같이 블록을 지정한 다음 '면 색'을 지정해요.
➡ [Ctrl] 키를 누른 채 범위 지정-[C] 키-[배경] 탭-'면 색(진달래색 80% 밝게)'

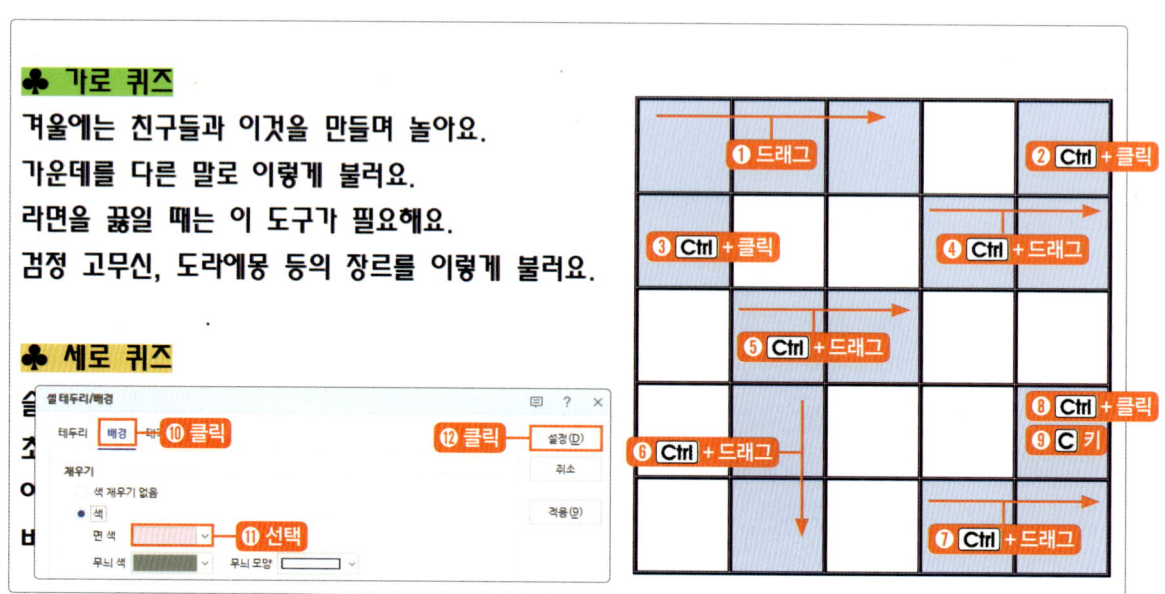

힌트 — 셀 테두리와 셀 배경 단축키

표의 셀 테두리는 '[L]', 표의 셀 배경 색은 '[C]' 키 또는 [마우스 오른쪽 단추]-[셀테두리/배경]-[각 셀마다 적용]을 클릭하여 셀 테두리와 셀 배경색을 지정할 수 있어요. 또한, 진달래색이 없으면 비슷한 색으로 자유롭게 지정해요.

CHAPTER 19

📁 불러올 파일 : 19장_혼자서.hwpx   📄 완성된 파일 : 19장_혼자서(완성).hwpx

☐ 지금하기 ☐ 나중에 하기

1 '19장_혼자서.hwpx' 파일을 열어 아래 그림을 참고해서 작품을 완성해 보세요.

➡ 표 테두리 클릭-[서식 도구 상자]-'글자 크기(24pt), 가운데 정렬()'
➡ [문자표]-[사용자 문자표]-[문자 영역]-'원문자'
➡ 문제 아래의 번호와 글자 사이는 한 칸 띄우기

가로 세로 낱말 퀴즈

♣ **가로 퀴즈**
① 겨울에는 친구들과 이것을 만들며 놀아요.
② 가운데를 다른 말로 이렇게 불러요.
③ 라면을 끓일 때는 이 도구가 필요해요.
⑤ 검정 고무신, 도라에몽 등의 장르를 이렇게 불러요.

♣ **세로 퀴즈**
① 슬픈 일이 있을 때 눈에서 나와요.
② 초등학교를 졸업하면 이곳으로 진학해요.
④ 여행을 다닐 때 필요한 비용을 말하는 단어에요.
⑥ 비가 올 때 신어요.

CHAPTER 19 가로·세로 퍼즐 도전해볼까? **115**

CHAPTER 20 최고의 인기 캐릭터는 누구일까?

학습목표
- 우리만의 특별한 표 만들기!
- 캐릭터 순위 차트 만들기 대작전!

📁 불러올 파일 : 20장.hwpx   📄 완성된 파일 : 20장(완성).hwpx

내 마음대로 인기 캐릭터

캐릭터	미키마우스	뚱이	도라미	둘리	스폰지밥	도라에몽
인기도	2	7	4	3	8	10

인기도 차트 (미키마우스 2, 뚱이 7, 도라미 4, 둘리 3, 스폰지밥 8, 도라에몽 10)

116 돌아온 꿈트리_한글 2022

 **창의력 쑥쑥**

■ 그림을 보고 틀린 그림 4개를 찾아 표시해 보세요.

01 우리만의 표 만들기 놀이!

1 '20장.hwpx' 파일을 불러온 다음 표를 만들고 글자를 입력해요.

➤ [입력] 탭-[표(▦)]-'줄 개수(2), 칸 개수(7)'-'글자처럼 취급' 체크

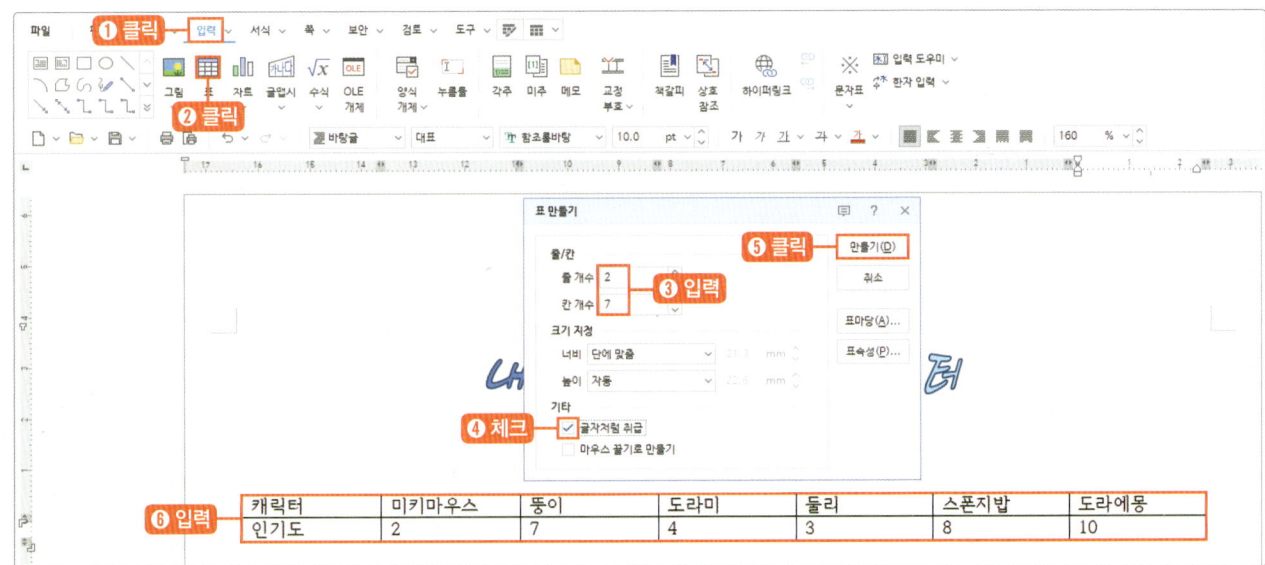

CHAPTER 20 최고의 인기 캐릭터는 누구일까?

2 표 테두리를 클릭한 다음 '표 스타일'을 지정해요.

➡ [표 디자인( )] 탭-[스타일]의 자세히 단추( ) 클릭-[밝게]-'밝은 스타일 3-분홍 색조'

글자 입력 후, 셀 이동 : 방향키 또는 Tab 키

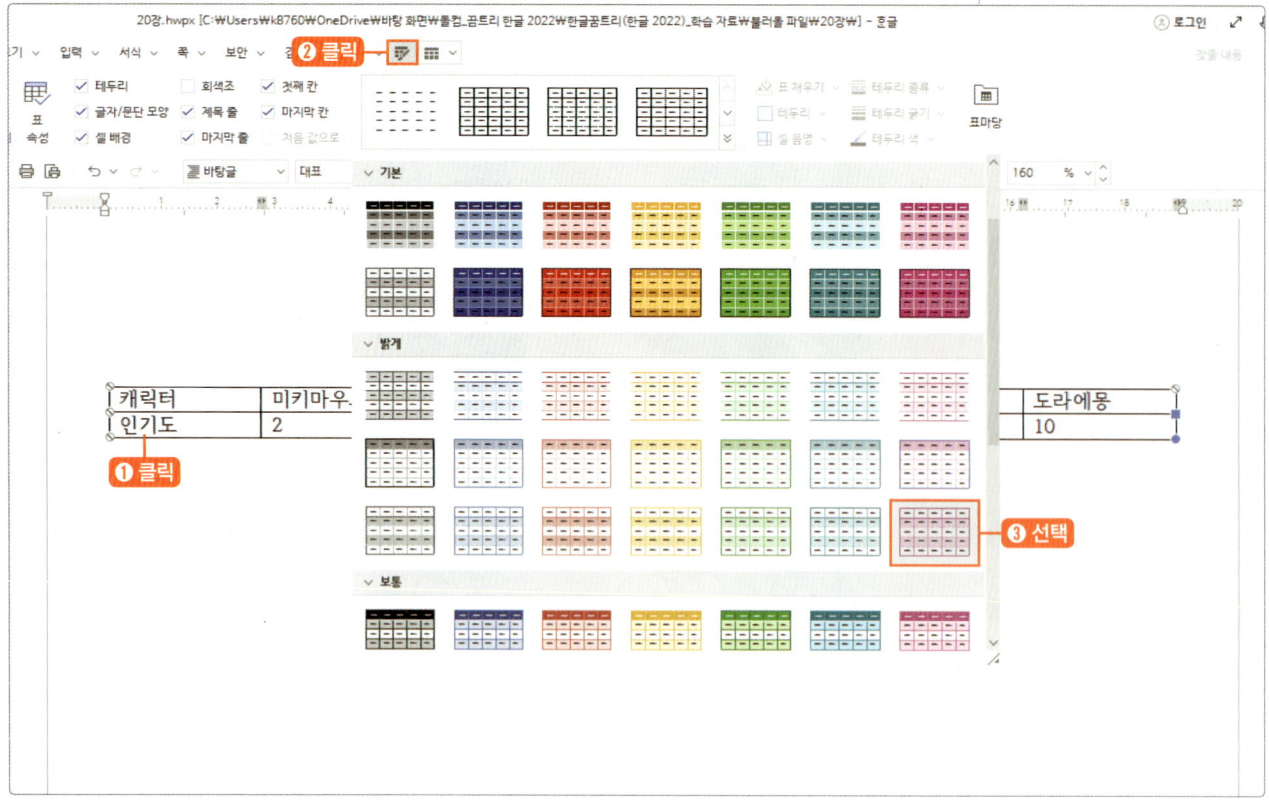

3 표 전체를 블록으로 지정한 다음 서식을 지정하고 셀의 크기를 조절해요.

➡ 전체 블록 지정-[서식 도구 상자]-'글꼴(맑은 고딕), 글자 크기(12pt), 가운데 정렬( )'

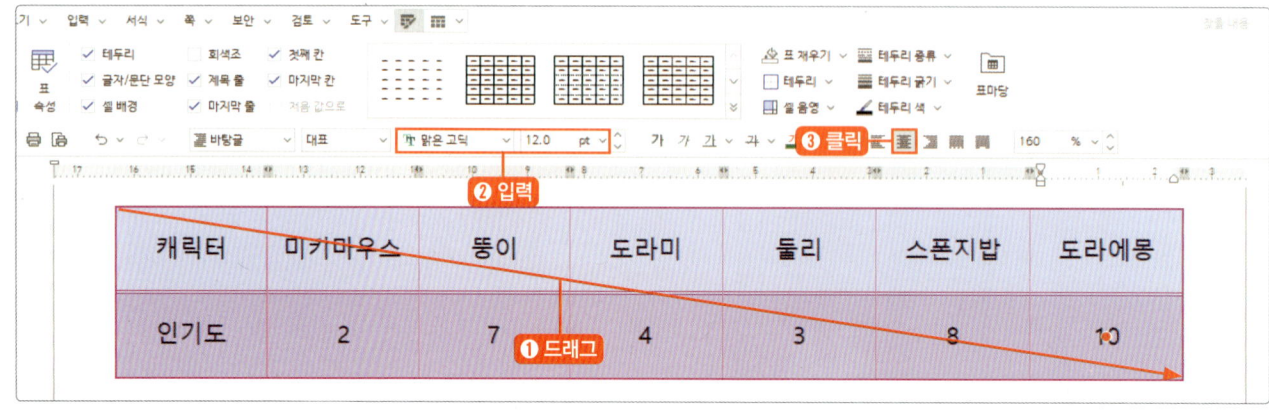

02 차트 만들기 놀이! 데이터를 멋지게 보여줘요!

1 표 전체를 블록으로 지정한 다음 차트를 만들어요.
➡ [표 디자인( )]-[차트 만들기( )]

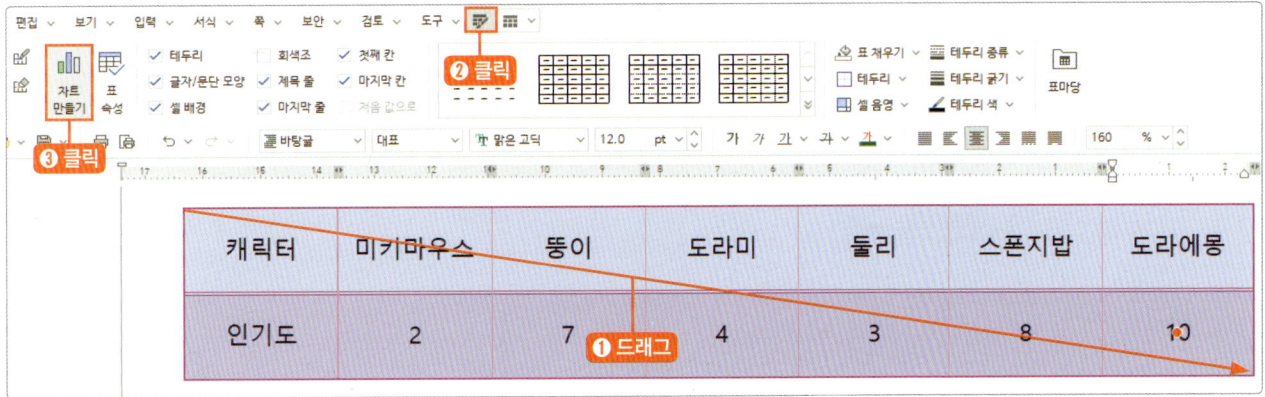

2 차트를 표 아래쪽으로 드래그한 다음 차트의 오른쪽 아래 대각선 조절점을 드래그하여 크기를 조절해요.

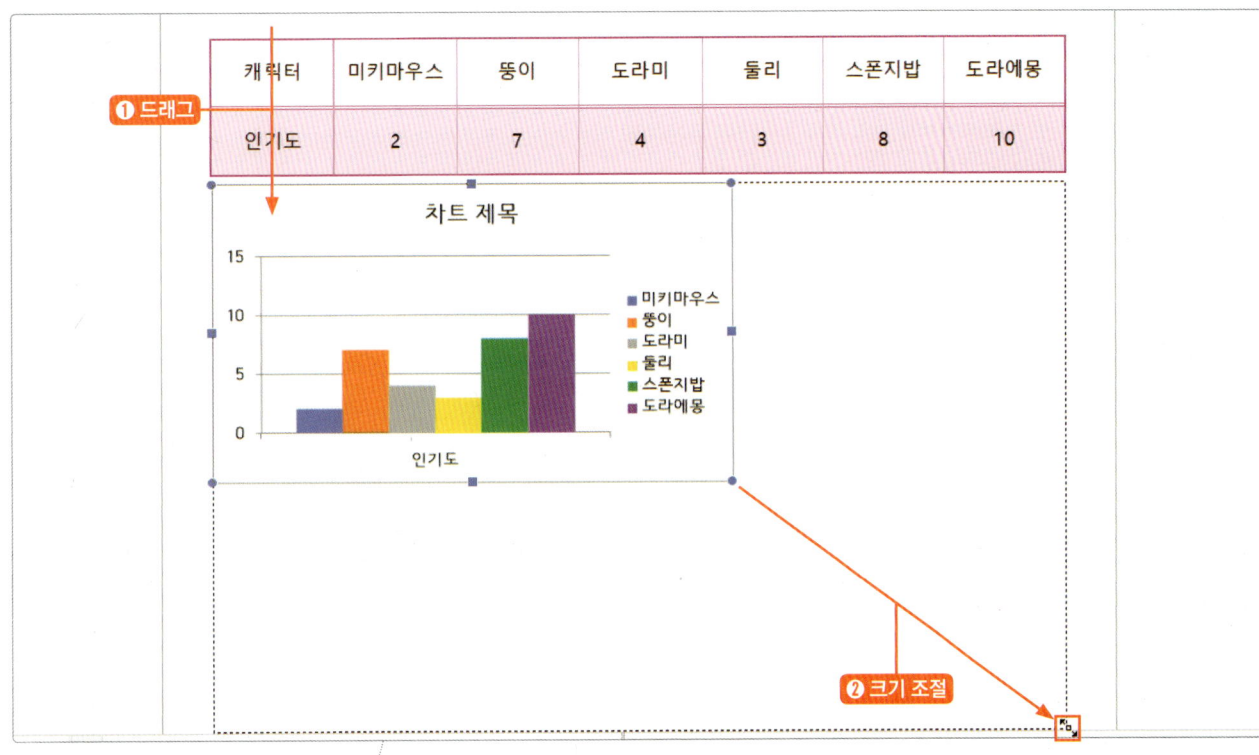

[차트 데이터 편집] 대화상자는 '닫기' 단추를 클릭해요.

3 차트를 클릭한 상태에서 줄과 칸을 바꿔줘요.
➡ [차트 디자인( )]-[줄/칸 전환( )]

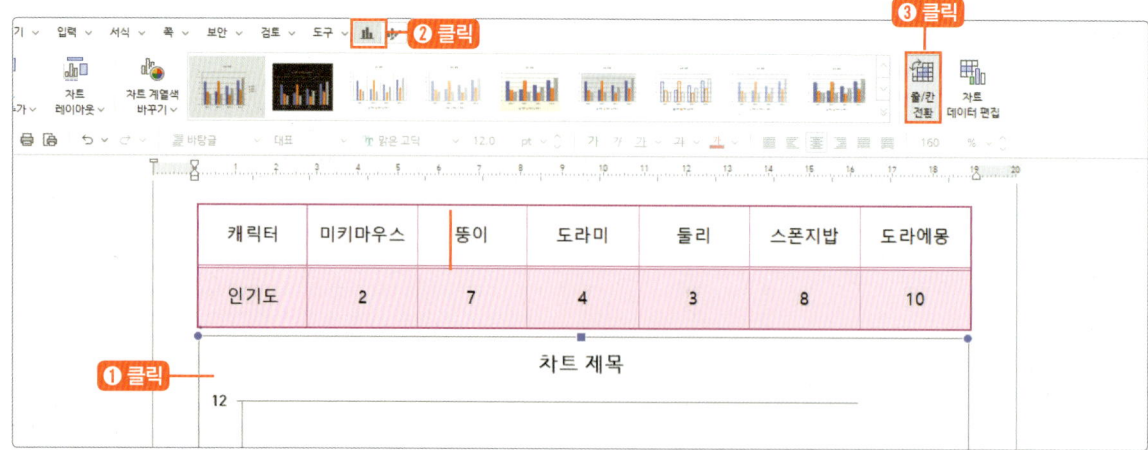

4 차트를 이쁘게 완성하기 위해 차트 데이터 계열 색을 변경해요.
➡ 데이터 계열 클릭-마우스 오른쪽 단추 클릭-[데이터 계열 속성]-'요소마다 다른 색 사용' 체크

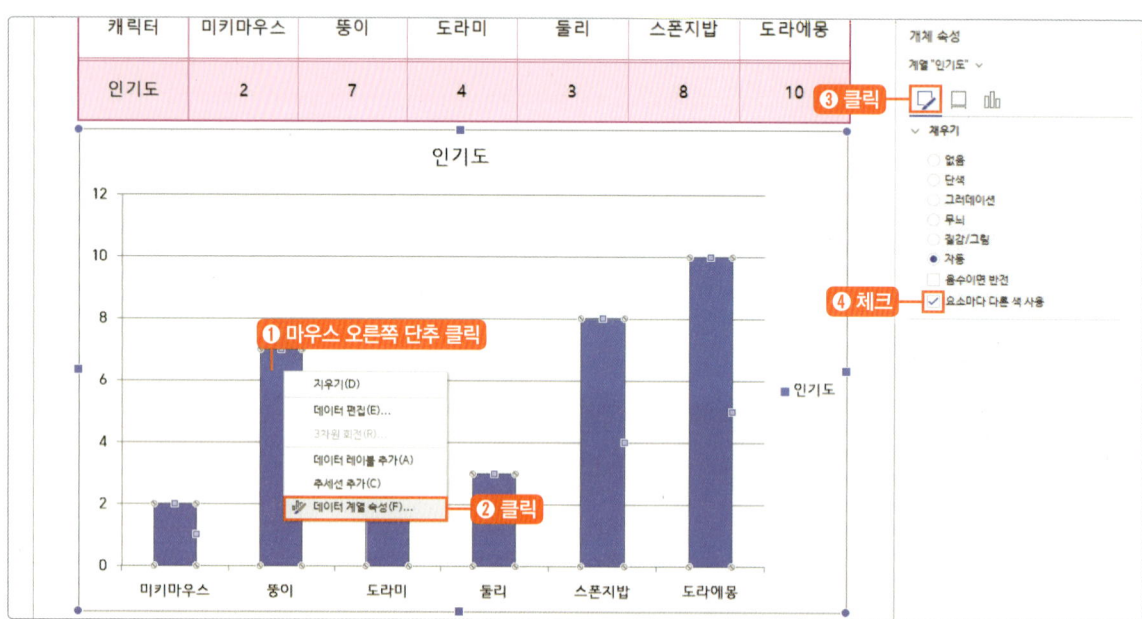

혼자서 뚝딱 뚝딱

📁 불러올 파일 : 20장_혼자서.hwpx   📄 완성된 파일 : 20장_혼자서(완성).hwpx   ☐ 지금하기 ☐ 나중에 하기

1 '20장_혼자서.hwpx' 파일을 열어 작품을 완성해 보세요.

➡ [입력] 탭-[그림()]-[불러올 파일]-[20장]-'캐릭터1'-<넣기> 단추 클릭-드래그하여 크기 및 위치조절
모든 그림 입력은 '문서에 포함'과 '마우스로 크기 지정'를 체크해요.

➡ 똑같은 방법으로 나머지 '캐릭터 2~6' 그림을 입력해요.
그림의 크기 및 위치를 조절 하다가 차트가 클릭되었을 때는 Esc 키를 눌러 모든 선택을 해제한 후, 다시 조절해요.
그림이 원하는 위치로 이동 되지 않을 경우 그림을 클릭한 후, [서식 도구 상자]의 배치에서 '글 앞으로(▨)'를 선택해요.

> 모든 그림 입력은 '문서에 포함'과 '마우스로 크기 지정'를 체크해요.

> 그림의 크기 및 위치를 조절 하다가 차트가 클릭되었을 때는 Esc 키를 눌러 모든 선택을 해제한 후, 다시 조절해요.

> 그림이 원하는 위치로 이동 되지 않을 경우 그림을 클릭한 후, [서식 도구 상자]의 배치에서 '글 앞으로(▨)'를 선택해요.

캐릭터	미키마우스	뚱이	도라미	둘리	스폰지밥	도라에몽
인기도	2	7	4	3	8	10

CHAPTER 20 최고의 인기 캐릭터는 누구일까?

CHAPTER 21
친구와 함께 쓰는 우정 쿠폰

학습목표
- 우정 쿠폰 만들기 대작전!
- 재미있는 한자 놀이!

배울 내용 미리보기!

- 불러올 파일 : 21장.hwpx
- 완성된 파일 : 21장(완성).hwpx

아낌없이 드립니다!
가족~~ 친구들에게~ 마구마구 쏩니다!!

글자 서식을 변경하여 다양하게 꾸며주었네요!

우 정 쿠 폰

사랑하는 나의 친구(親舊) 홍길동에게 우정 쿠폰을 선물합니다.
단, 하루에 한 장만 사용이 가능합니다.

- 내가 먼저 사과할게 미안해 친구야
- 학교 끝나고 맛있는 떡볶이 먹으러 가자
- 가장 아끼는 물건인데 너한테 빌려줄게
- 장난감 네가 먼저 가지고 놀아
- 내가 겪었던 재미있는 이야기 들려줄게
- 내 생일 파티에 너를 가장 먼저 초대할거야

 **창의력 뿜뿜**

■ 내가 소중하다고 느끼는 물건은 무엇이 있나요? 그리고 그 물건이 언제 소중해졌나요?

> 예) 나는 이모가 선물로 주신 시계가 좋아요. 좋아하는 이모와 같은 색의 시계이거든요.

01 내가 만드는 이야기, 함께 들어볼래?

1 '21장.hwpx' 파일을 불러온 다음 아래 그림을 보고 내용을 입력해요.

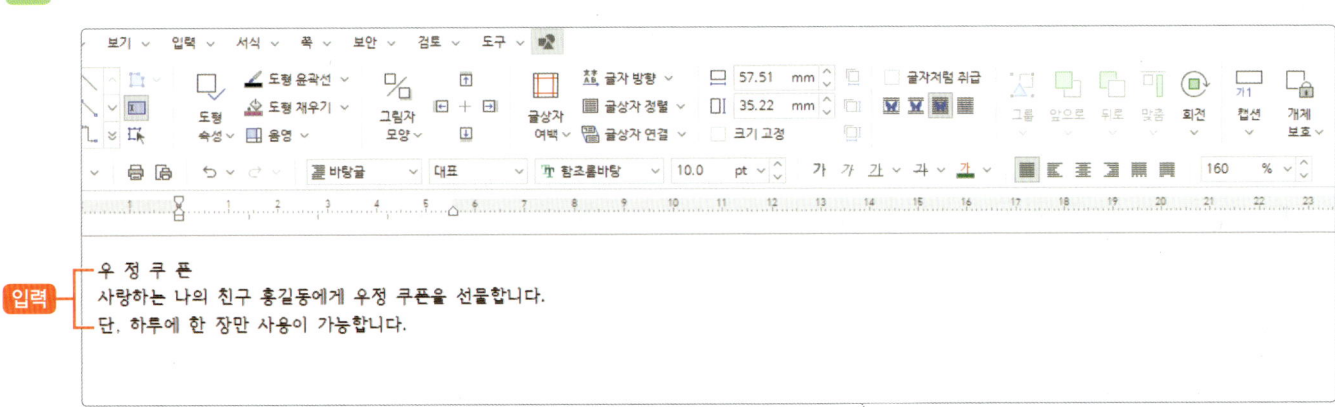

입력
- 우 정 쿠 폰
- 사랑하는 나의 친구 홍길동에게 우정 쿠폰을 선물합니다.
- 단, 하루에 한 장만 사용이 가능합니다.

'홍길동' 대신 친한 친구의 이름을 입력해요.

CHAPTER 21 친구와 함께 쓰는 우정 쿠폰 **123**

02 우리만의 멋진 이야기책 만들기!

1 '우 정 쿠 폰' 글자를 블록으로 지정한 다음 [서식 도구 상자]에서 서식을 변경해요.
➡ [서식 도구 상자]-'글꼴(한컴 윤고딕 240), 글자 크기(72pt)'

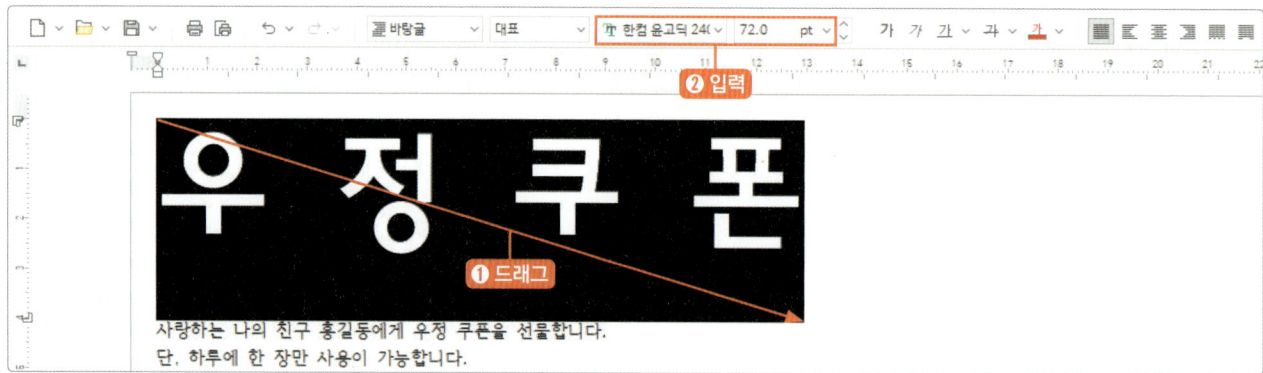

2 '우 정 쿠 폰' 글자를 각각 블록으로 지정한 다음 글자 색을 변경해요.
➡ [서식 도구 상자]-'글자 색(주황, 남색, 보라, 초록)'으로 각각 변경

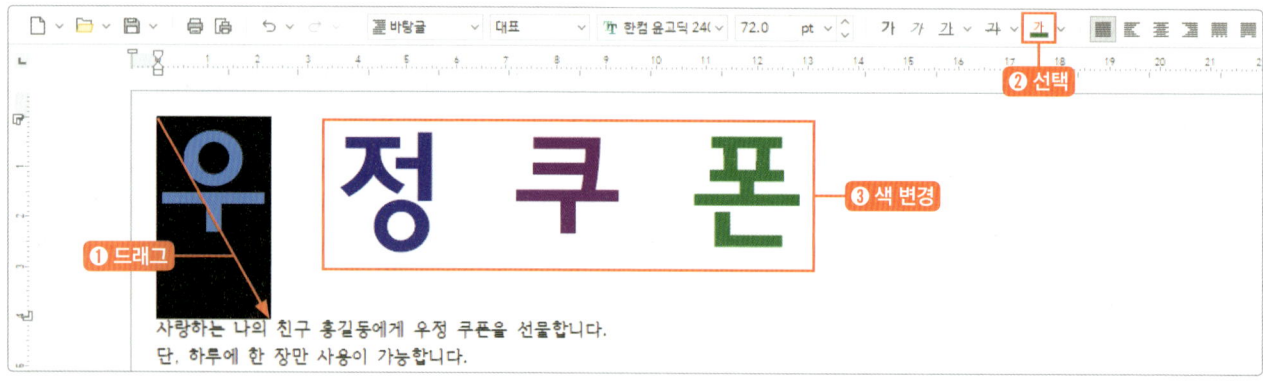

3 내용 전체('사랑하는 ~ 가능합니다.')를 블록으로 지정한 다음 [서식 도구 상자]에서 서식을 지정해요.
➡ [서식 도구 상자]-'글꼴(한컴 윤고딕 240), 글자 크기(20pt)'

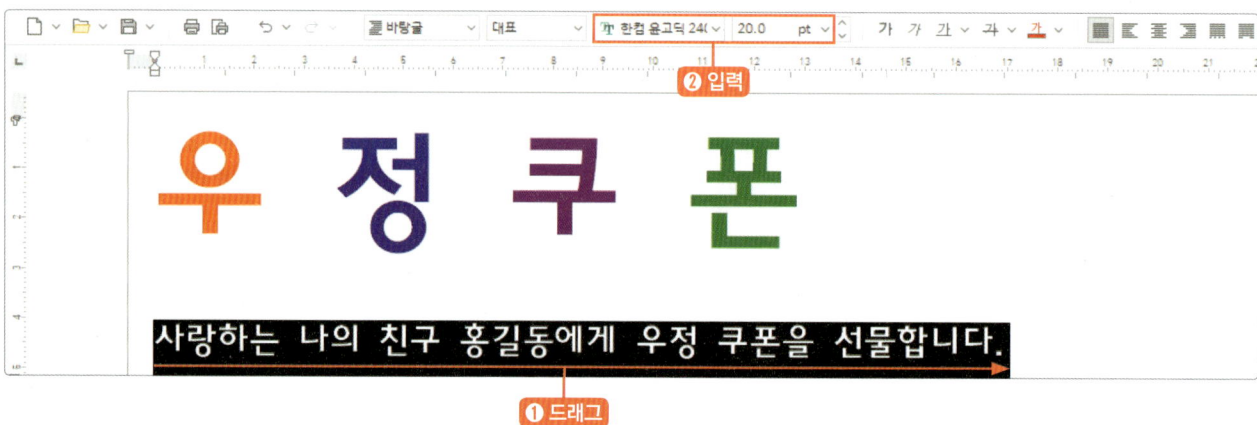

4 내용의 두 번째 줄을 블록으로 지정한 다음 글자 색을 변경해요.
→ [서식 도구 상자]-'글자 색(빨강)'

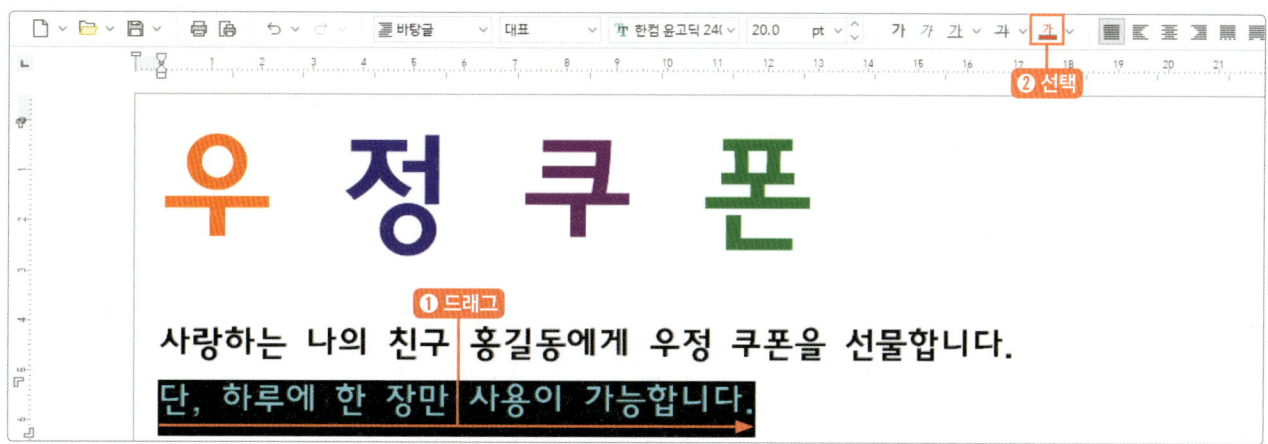

5 '홍길동(친구이름)' 글자를 블록으로 지정한 다음 글자 모양을 변경해요.
→ Alt + L 키-[확장] 탭-'그림자(연속)', '색(주황 80% 밝게)', '강조점(첫 번째 강조점)'

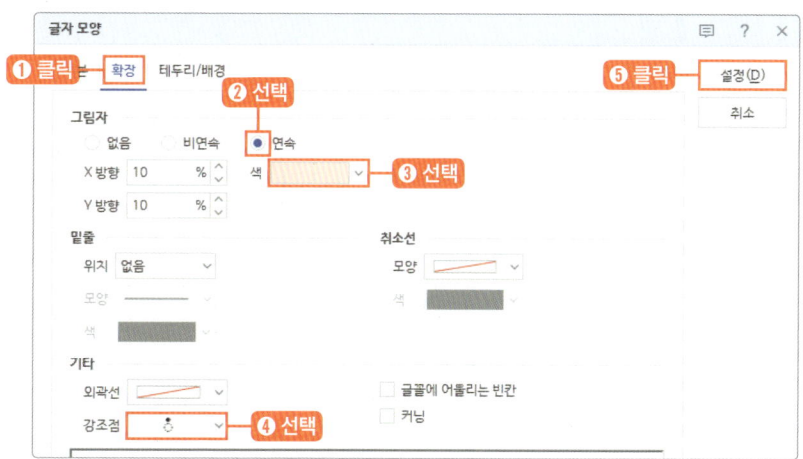

6 내용 전체를 블록으로 지정한 다음 [서식 도구 상자]에서 서식을 지정해요.
→ [서식 도구 상자]-'가운데 정렬(≡)', '줄 간격(130%)'

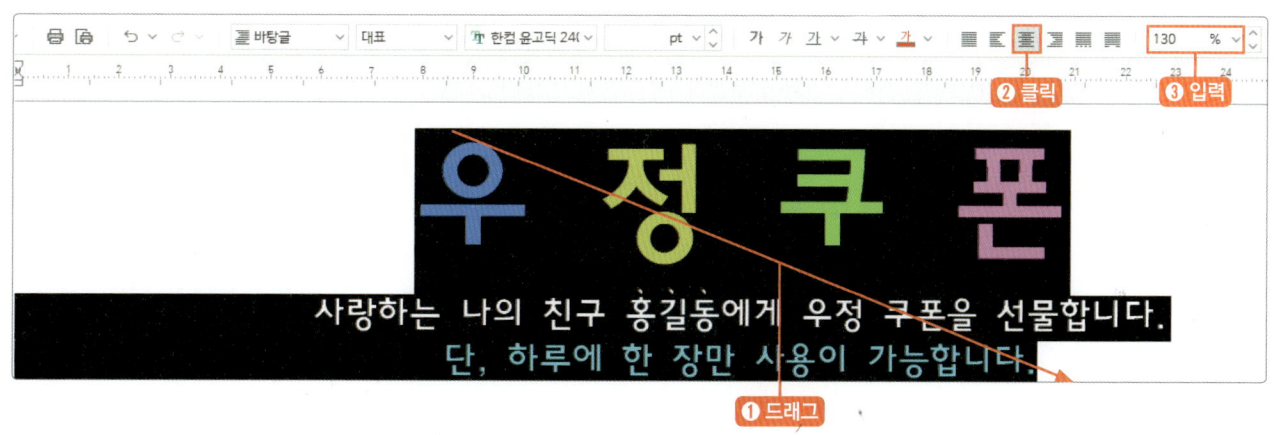

03 한자 놀이로 어휘력을 키워요!

1 '친구' 글자를 블록으로 지정한 다음 한자로 변환해요.
➡ 한자 키 또는 F9 키-'한자 목록' 선택

📁 불러올 파일 : 21장_혼자서.hwpx   📗 완성된 파일 : 21장_혼자서(완성).hwpx   ☐ 지금하기 ☐ 나중에 하기

1 '21장_혼자서.hwpx' 파일을 열어 아래와 같이 쿠폰 내용 서식을 변경해 보세요.

▶ 첫 번째 쿠폰의 내용 : '글꼴(휴먼모음T), 글자 크기(24pt), 가운데 정렬'
  '미안해' 글자만 변경 : '글자 색(파랑), 진하게, 음영 색(주황 40% 밝게)'

▶ 두 번째 쿠폰의 내용 : '글꼴(휴먼매직체), 글자 크기(24pt), 가운데 정렬'
  '떡볶이' 글자만 변경 : '글자 색(주황), 기울임, 음영 색(보라 80% 밝게)'

▶ 세 번째 쿠폰의 내용 : '글꼴(HY동녘B), 글자 크기(20pt), 가운데 정렬'
  '빌려줄게' 글자만 변경 : '글자 색(보라), 밑줄, 음영 색(초록 80% 밝게)'

▶ 네 번째 쿠폰의 내용 : '글꼴(HY나무B), 글자 크기(24pt), 가운데 정렬'
  '장난감' 글자만 변경 : '글자 색(초록), 기울임, 음영 색(노랑)'

▶ 다섯 번째 쿠폰의 내용 : '글꼴(휴먼편지체), 글자 크기(20pt), 왼쪽 정렬'
  '이야기' 글자만 변경 : '글자 색(빨강), 진하게, 음영 색(파랑 50% 밝게)'

▶ 여섯 번째 쿠폰의 내용 : '글꼴(궁서), 글자 크기(20pt), 오른쪽 정렬'
  '생일 파티' 글자만 변경 : '글자 색(노랑), 음영 색(주황)'

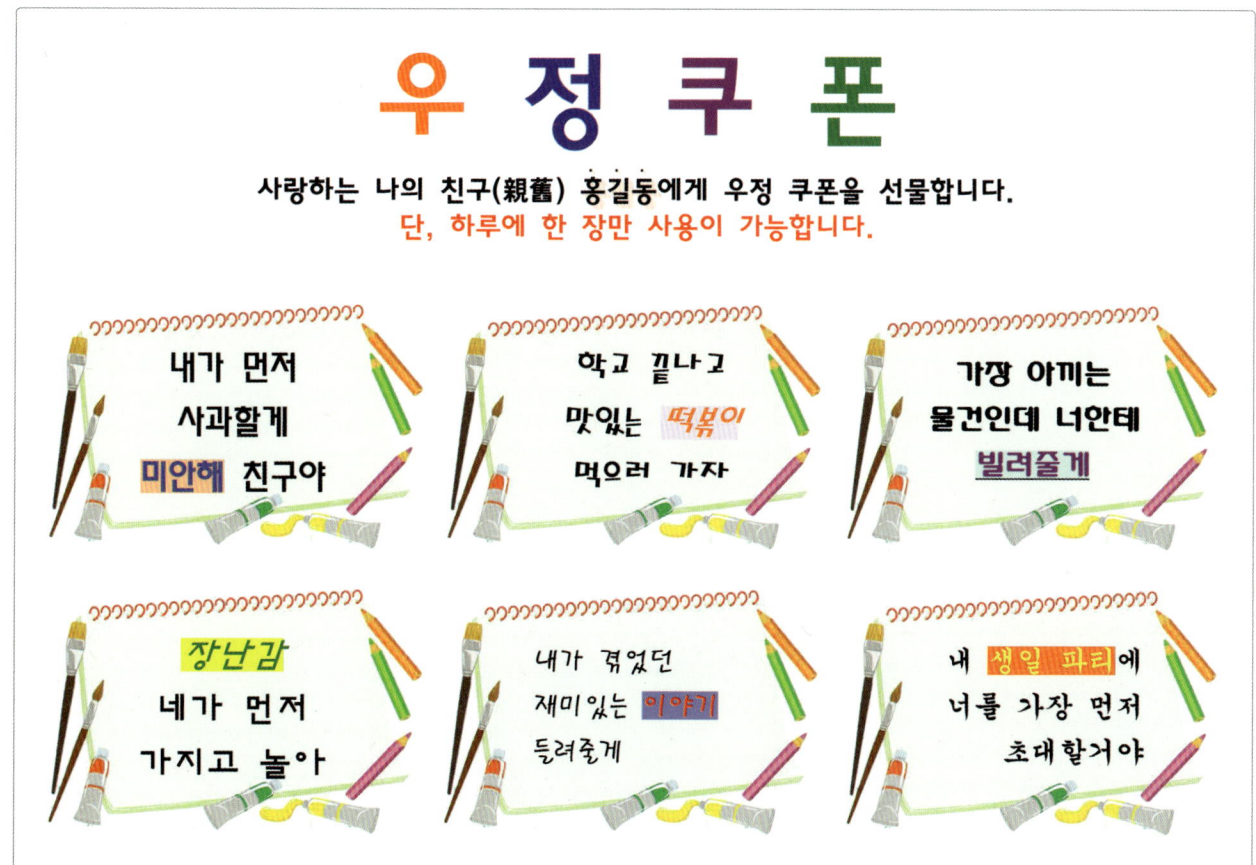

CHAPTER 21 친구와 함께 쓰는 우정 쿠폰 **127**

CHAPTER 22
우리 반 이름 해바라기

학습목표
- 우리만의 멋진 보고서 만들기!

📁 불러올 파일 : 22장.hwpx 📁 완성된 파일 : 22장(완성).hwpx

아~ 글자가 너무 많은데? 이걸 다 써야하나?

아니예요. 글자서식과 셀 배경색 변경입니다.

다행이네요. 그정도는 할수 있어요!!

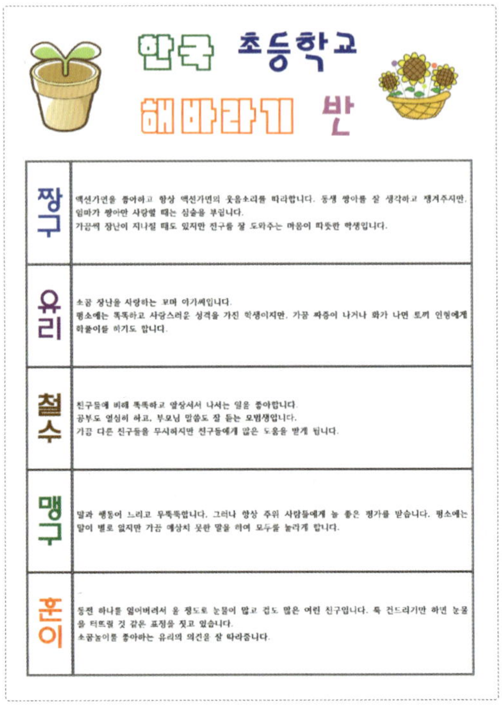

■ 빈 칸에 기호를 그려주세요. 단, 가로 세로 같은 줄에는 같은 기호가 올 수 없어요.
기호는 "◐, ☀, ☺, ☾, ♥, ☆"입니다.

01 글자를 예쁘게 꾸며봐요!

1 '22장.hwpx' 파일을 불러온 다음 글자를 블록으로 지정한 후, 서식을 변경해요
➡ [서식 도구 상자]-'글꼴(양재블럭체), 글자 크기(48pt), 가운데 정렬(≡)

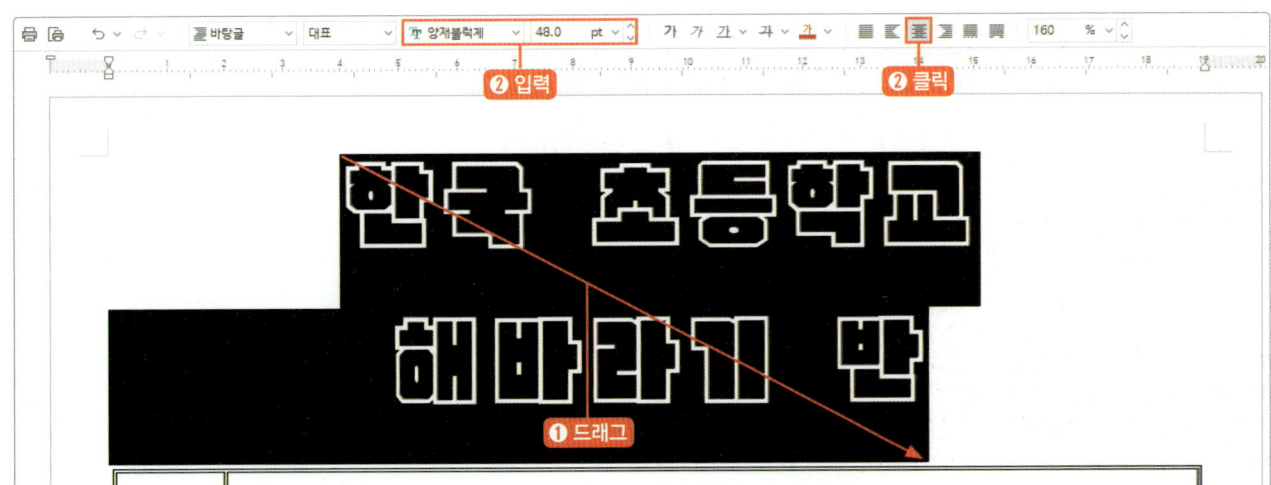

CHAPTER 22 우리 반 이름 해바라기 **129**

2 아래 그림과 같이 [서식 도구 상자]를 이용해서 서식을 변경해요.
➡ [한국] : '글자 색(초록)', [초등학교] : '글꼴(양재깨비체B), 글자 색(남색)', [해바라기] : '글자 색(주황)', [반] : '글꼴(양재깨비체B), 글자 색(보라 50% 밝게)'

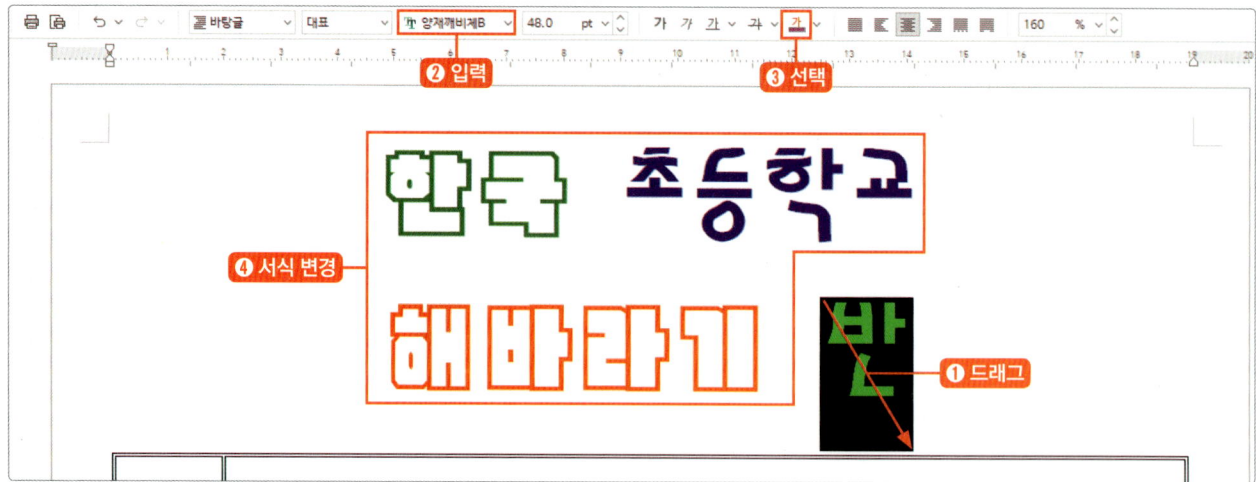

02 그림으로 더 재미있게!

1 '떡잎' 그림을 내용에 입력하고 '문서에 포함'과 '마우스로 크기 지정'을 체크해요.
➡ [입력] 탭-[그림()]-[불러올 파일]-[22장]-'떡잎'

2 마우스로 드래그한 다음 '떡잎' 그림을 클릭하고 [그림] 탭의 배치를 '글 앞으로( )'를 선택해요.

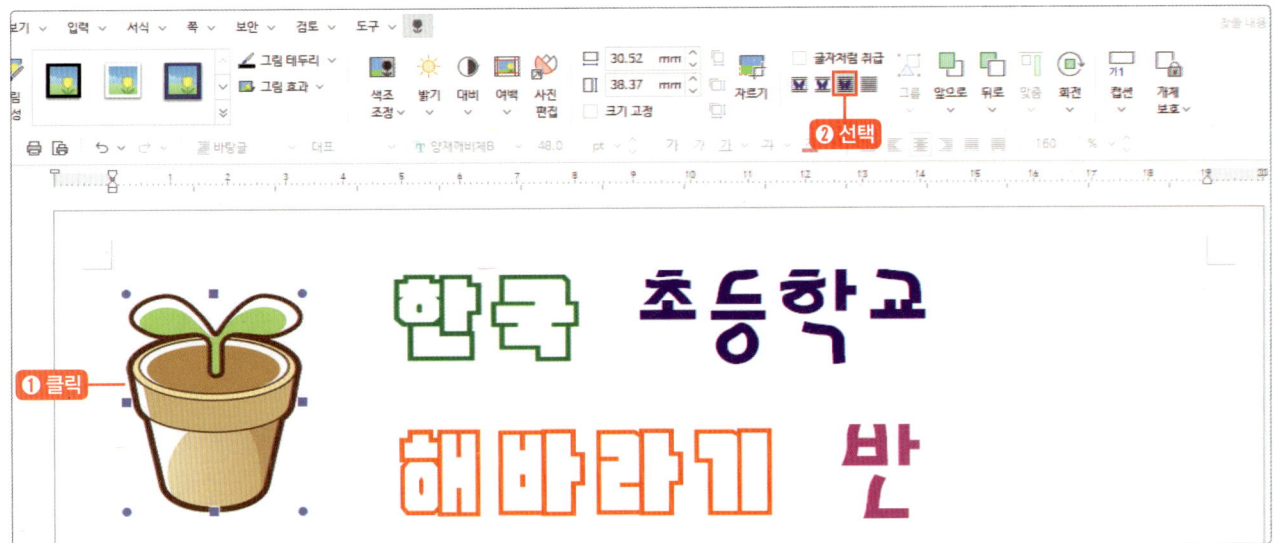

3 똑같은 방법으로 '꽃' 그림을 입력해요.

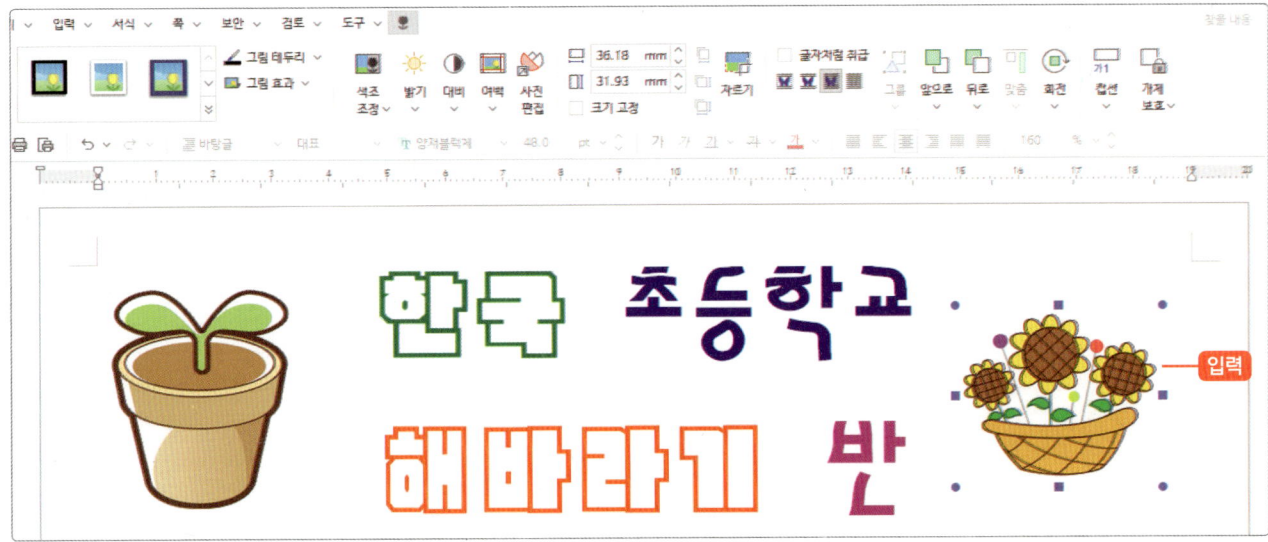

03 셀 안의 글자를 예쁘게 꾸며봐요!

1 왼쪽 셀 전체('짱구 ~ 훈이')를 블록으로 지정한 다음 서식을 지정해요.
- ➡ [표 레이아웃()]-[글자 방향]-'세로쓰기(영문 세움)'
- ➡ [서식 도구 상자]-'글꼴(양재튼튼체B), 글자 크기(32pt), 가운데 정렬()'
- ➡ [서식 도구 상자]-'글자 색(파랑, 보라, 탁한 황갈, 초록, 주황)'

CHAPTER 22

혼자서 뚝 딱 뚝 딱

📂 **불러올 파일** : 22장_혼자서.hwpx   📄 **완성된 파일** : 22장_혼자서(완성).hwpx   ☐ **지금하기** ☐ **나중에 하기**

1 '22장_혼자서.hwpx' 파일을 열어 아래 그림과 같이 완성해 보세요.

➡ 오른쪽 셀 전체 블록 지정-[서식 도구 상자]-'글꼴(휴먼모음T), 글자 크기(16pt)'
➡ 오른쪽 첫 번째 셀을 클릭-'셀 배경 색(파랑 50% 밝게)'
➡ 오른쪽 두 번째 셀을 클릭-'셀 배경 색(보라 50% 밝게)'
➡ 오른쪽 세 번째 셀을 클릭-'셀 배경 색(탁한 황갈 80% 밝게)'
➡ 오른쪽 네 번째 셀을 클릭-'셀 배경 색(초록 80% 밝게)'
➡ 오른쪽 다섯 번째 셀을 클릭-'셀 배경 색(주황 60% 밝게)'

한국 초등학교
해바라기 반

짱구	액션가면을 좋아하고 항상 액션가면의 웃음소리를 따라합니다. 동생 짱아를 잘 생각하고 챙겨주지만, 엄마가 짱아만 사랑할 때는 심술을 부립니다. 가끔씩 장난이 지나칠 때도 있지만 친구를 잘 도와주는 마음이 따뜻한 학생입니다.
유리	소꿉 장난을 사랑하는 꼬마 아가씨입니다. 평소에는 똑똑하고 사랑스러운 성격을 가진 학생이지만, 가끔 짜증이 나거나 화가 나면 토끼 인형에게 화풀이를 하기도 합니다.
철수	친구들에 비해 똑똑하고 앞장서서 나서는 일을 좋아합니다. 공부도 열심히 하고, 부모님 말씀도 잘 듣는 모범생입니다. 가끔 다른 친구들을 무시하지만 친구들에게 많은 도움을 받게 됩니다.
맹구	말과 행동이 느리고 무뚝뚝합니다. 그러나 항상 주위 사람들에게 늘 좋은 평가를 받습니다. 평소에는 말이 별로 없지만 가끔 예상치 못한 말을 하여 모두를 놀라게 합니다.
훈이	동전 하나를 잃어버려서 울 정도로 눈물이 많고 겁도 많은 여린 친구입니다. 툭 건드리기만 하면 눈물을 터뜨릴 것 같은 표정을 짓고 있습니다. 소꿉놀이를 좋아하는 유리의 의견을 잘 따라줍니다.

CHAPTER 23 내 성격 알아보기!

학습목표
- 도형으로 놀아보자! 도형을 예쁘게 꾸며봐요!
- 하이퍼링크로 더 많은 세상을 탐험해요!

 불러올 파일 : 23장.hwpx   완성된 파일 : 23장(완성).hwpx

1 세상에는 다양한 직업이 있습니다.

지금 여러분이랑 함께 공부하는 컴퓨터 선생님도 있고요.

여러분은 커서 어떤 직업을 가지고 싶나요?

여러분이 희망하는 직업을 자유롭게 써 보고 친구들과 얘기해 볼까요?

> 예) 나는 커서 유튜버가 될거야. 내가 지금 유튜브를 많이 보는데 나는 내가 좋아하는 곳을 사람들에게 소개하고 싶어요.

01 도형 복사로 재미있는 모양 만들기!

1 '23장.hwpx' 파일을 불러온 다음 '빨강' 도형을 오른쪽으로 복사해요.

➤ '빨강' 도형의 테두리 클릭- Ctrl + Shift 키를 누른 채 오른쪽으로 드래그

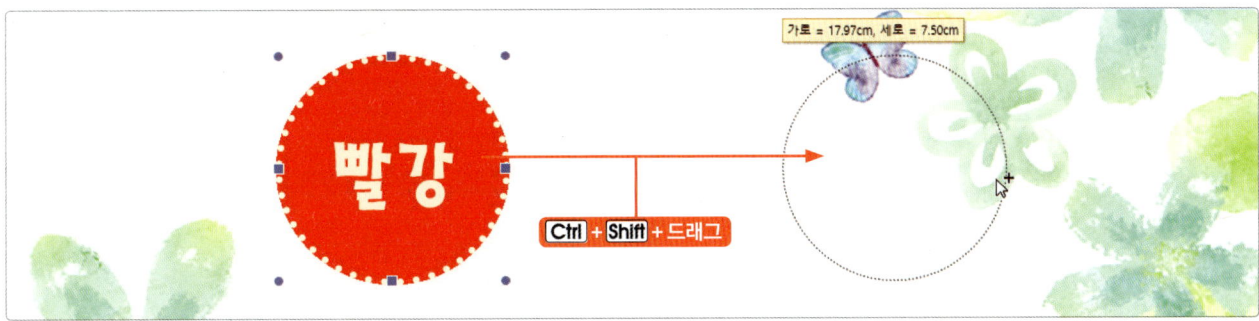

CHAPTER 23 내 성격 알아보기! **135**

2 복사한 도형의 내용을 수정하고 도형의 채우기 색을 변경해요.
➡ 내용('주황')-[도형( )] 탭-[도형 채우기]의 자세히( ) 단추 클릭-'채우기 색(주황)'

3 '빨강' 도형을 대각선으로 복사한 다음 서식을 지정해요.
➡ 내용('초록')-[도형( )] 탭-[도형 채우기]의 자세히( ) 단추 클릭-'채우기 색(초록)'

4 입력한 도형을 오른쪽에 복사한 다음 [선], [채우기]를 지정해요.

➡ 내용('파랑', '보라')-[도형( )] 탭-[도형 채우기]의 자세히( ) 단추 클릭-'채우기 색(파랑, 보라)'

 **도형 복사하기**

① **Ctrl** 키를 누른 채 드래그하면 원하는 위치에 자유롭게 복사할 수 있어요.
② **Ctrl** + **Shift** 키를 누른 채 드래그하면 수평 또는 수직으로 반듯하게 복사할 수 있어요.

02 도형에 하이퍼링크로 더 많은 세상을 탐험해요!

1 2쪽 '빨강' 페이지로 이동하기 위해 **Alt** + **Page Down** 키를 누른 다음 '책갈피( )'를 클릭해요.

➡ [입력] 탭-'책갈피( )'

2 책갈피 이름에 '빨강'이라고 입력해요.

3 `Alt`+`PageUp` 키를 눌러 1쪽으로 이동한 다음 '빨강' 도형의 '하이퍼링크'를 클릭해요.
➡ '빨강' 도형 테두리 클릭-마우스 오른쪽 단추 클릭-[하이퍼링크]

4 책갈피로 지정했던 '빨강'을 선택해요.
➡ [연결 대상]-[한글 문서]-[책갈피]-'빨강'

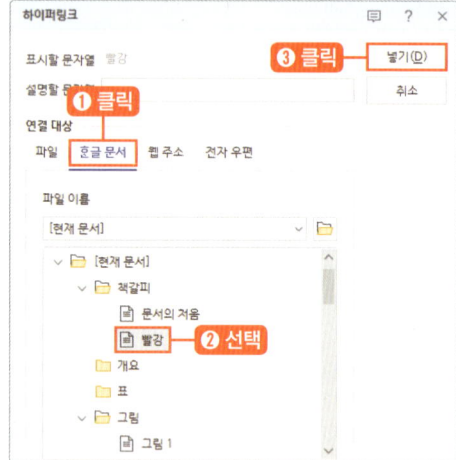

5 '빨강' 도형에 `Ctrl` 키를 누른 채 마우스를 가져가면 모양이 손 모양으로 변경이 되며, 클릭하게 되면 2페이지로 이동을 하게 돼요.

불러올 파일 : 23장_혼자서.hwpx　　**완성된 파일** : 23장_혼자서(완성).hwpx

☐ 지금하기　☐ 나중에 하기

1 도형에 하이퍼링크 입력해요.

- '주황', '초록', '파랑', '보라'가 있는 페이지를 책갈피 등록을 해요.
- 1페이지에 색깔에 맞는 도형에 하이퍼링크를 지정해요.
- 단, 파랑과 보라는 도형이 아닌 글자에 하이퍼링크를 지정해요. '글자 색(하양)'

> 글자를 마우스로 드래그한 다음 마우스 오른쪽 단추를 클릭한 후, [하이퍼링크]를 클릭하면 돼요.

 **하이퍼링크**

도형의 테두리를 선택하지 않고 글자가 선택된 상태에서 하이퍼링크를 지정하면 밑줄이 생기며, 글자 색이 파란색으로 바뀝니다. 하이퍼링크를 잘못 연결했을 경우에는 `Ctrl`+`Z` 키를 눌러 '되돌리기'를 한 후, 다시 작업해요.

CHAPTER 23 내 성격 알아보기! **139**

CHAPTER 24 혼자서도 잘해요!

학습목표
- 17일차~23일차에서 배운 내용을 혼자 스스로 완성해요.

문제 01
<작업 순서>를 참고하여 아래 그림과 같이 문서를 완성해요.

📁 불러올 파일 : 없음 📄 완성된 파일 : 24장(완성)-1.hwpx

• 작업 순서 •

1. 한글 2022를 열고 그림을 입력해요.
   ➡ [불러올 파일]-[24장]-'의좋은형제.png'을 선택

2. 그리기마당에서 '전기밥솥'을 찾아 넣으세요.
   ➡ [입력]-[그림]-[그리기마당]-<클립아트 다운로드> 단추-'전기밥솥'

3. 왼쪽 동생 오른손에 '전기밥솥'을 드래그하여 배치 및 크기를 조절해요.

4. 오른쪽 형님 왼손 자리로 전기밥솥을 복사해요.
   ➡ [그림] 탭-[회전]-'좌우대칭'

5. 전체 개체를 선택한 후, 개체를 묶어줘요.

문제 02 〈작업 순서〉를 참고하여 아래 그림과 같이 문서를 완성해요.

📁 불러올 파일 : 24장-2.hwpx   📄 완성된 파일 : 24장(완성)-2.hwpx

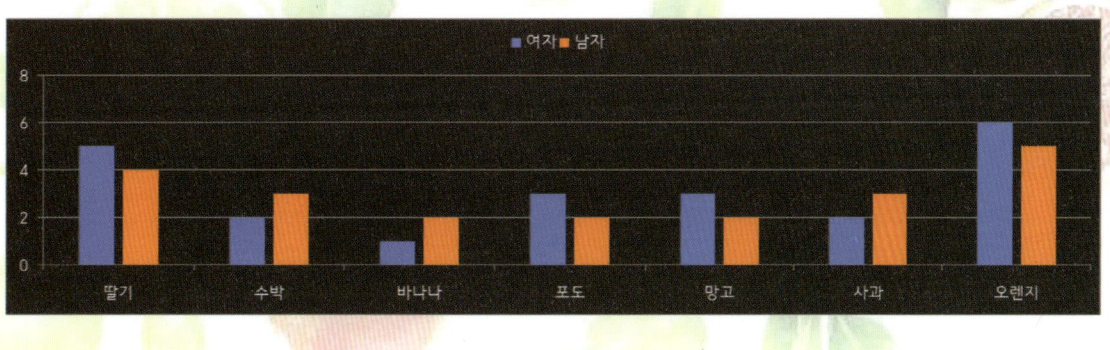

과일인기차트

	딸기	수박	바나나	포도	망고	사과	오렌지
여자	5	2	1	3	3	2	6
남자	4	3	2	2	2	3	5
합계	9	5	3	5	5	5	11

• 작업 순서 •

1 위에 있는 그림을 보고 표안에 글자를 입력해요.

2 블록 합계를 자동으로 계산해요.
 ➡ 제목을 제외한 범위 지정-[마우스 오른쪽 단추] 클릭-[블록 계산식]-'블록 합계'

3 합계를 제외하고 범위를 지정해서 차트를 만들어요.
 ➡ [차트 스타일]-'차트 스타일2'로 지정, [차트 디자인]-[줄/칸 전환]

CHAPTER 24 혼자서도 잘해요!

답안 전송 프로그램 소개

2025년 아카데미소프트의 새로운 답안 전송 프로그램

NEW 답안 전송 프로그램

- ▶ ITQ, DIAT 시험에 최적화된 **답안 전송 프로그램**
- ▶ 남은 작업 시간을 확인할 수 있는 **타이머** 기능 추가!
- ▶ 답안 전송 프로그램을 실행하면 시험 환경에 맞는 **자동 폴더 생성**
- ▶ **실제 시험장**과 유사한 작업 환경!
- ▶ 지속적인 **업데이트**로 프로그램 오류 최소화!

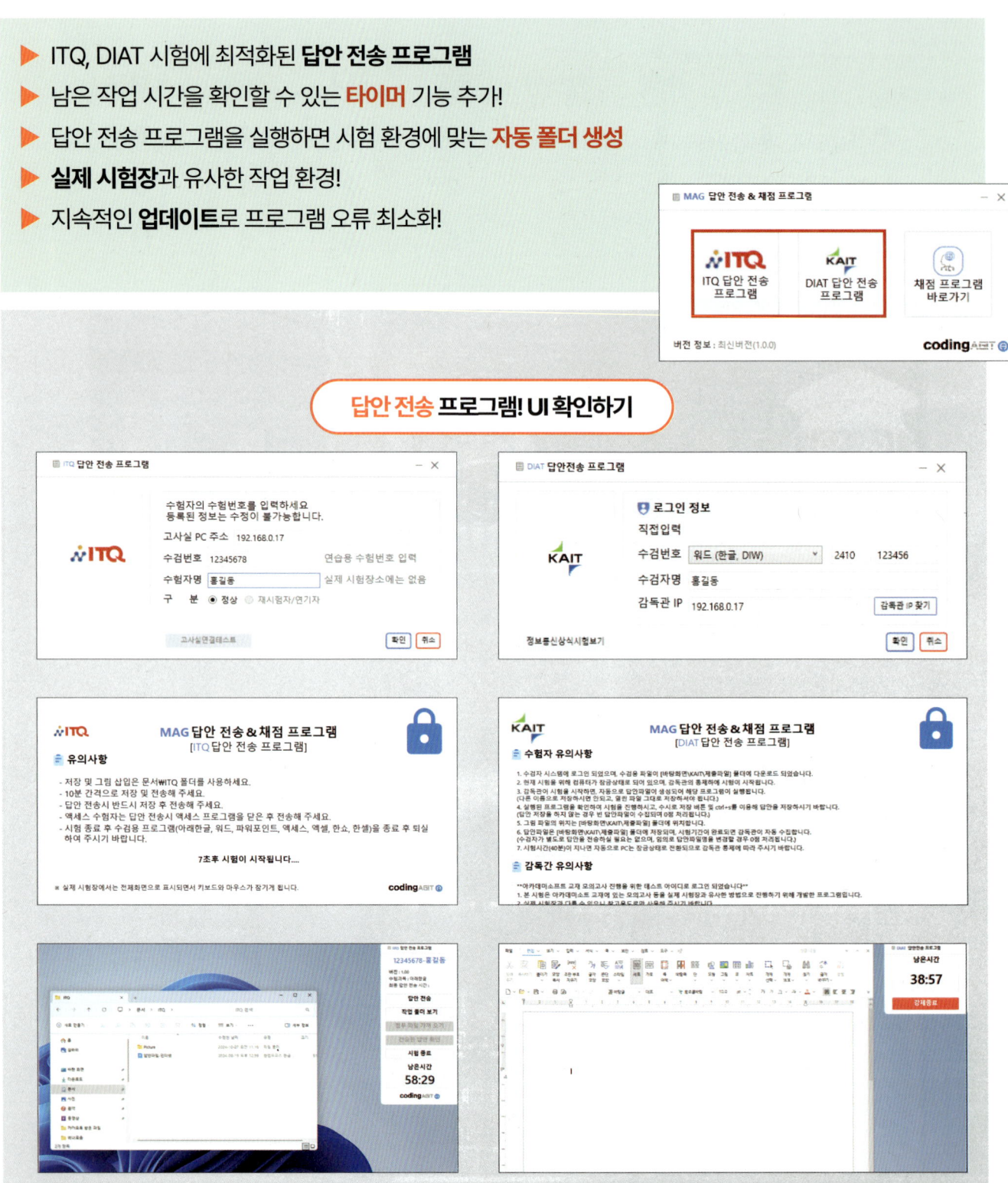

▲ ITQ 답안 전송 프로그램   ▲ DIAT 답안 전송 프로그램

채점프로그램 MAG 소개

자격증의 새로운 변화!!
MAG 채점 프로그램

❶ 개인용 채점프로그램_MAG PER

▶ 개인을 위한 **채점프로그램**으로 각 자격증별 **시험 결과** 즉시 확인
▶ **오피스(한컴·MS)** 설치 없이 **즉시 채점** 가능!
▶ **인공지능**으로 채점율 UP

▲ 과목 선택

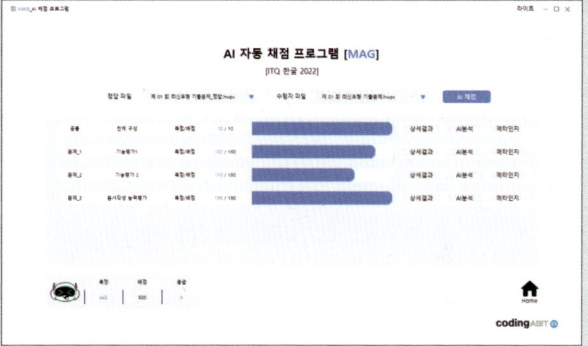
▲ 채점 결과

❷ 교육기관용 채점프로그램_MAG NET

▶ 선생님을 위한 또 다른 서비스를 제공합니다.
▶ 선생님을 위한 **온라인 채점프로그램**으로 접속한 수검자의 **시험 결과**를 실시간 확인
▶ 시험종료 후 **성적통계**로 문제별 부족한 부분과 단점을 완벽히 보완
▶ **인공지능**으로 채점율 UP

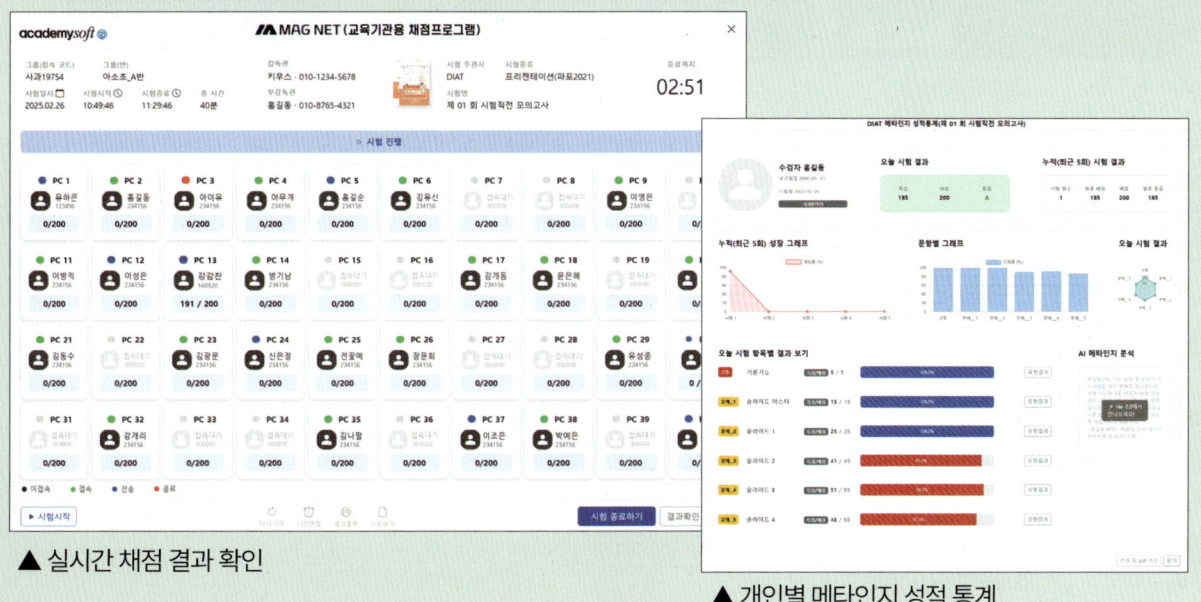
▲ 실시간 채점 결과 확인
▲ 개인별 메타인지 성적 통계

K마블 소개

아카데미소프트와 코딩아지트의 컴교실 **타자 프로그램**

 **V2.0 업그레이드**

 [K마블이란?]
 [K마블 인트로]

업그레이 된 K마블 V2.0을 만나보세요!

▶ 키우스봇과 함께하는 **무료 타자프로그램!**
▶ **영문 버전** 오픈
▶ 온라인 대전 **2 VS 2** 모드 출시
▶ 나만의 **커스텀 캐릭터** 기능 오픈

100% 무료 타자프로그램

K마블 V 2.0으로 한글·영문 타자연습 모두 가능해요!!

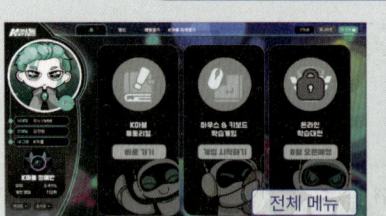 전체 메뉴
 K마블 튜토리얼
 커스텀 프로필
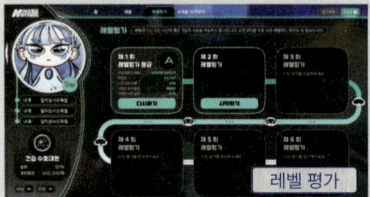 레벨 평가
 영어 단어 연상게임
 온라인 대전

▶ **커스텀 프로필**
자신의 캐릭터를 꾸밀 수 있는 기능이 추가되었습니다. 캐릭터의 머리, 얼굴, 옷, 장신구를 변경하여 자신만의 개성있는 캐릭터를 만들어 봅니다.

▶ **레벨평가 시안성**
레벨평가 화면이 이전 화면 보다 보기 좋게 변경되었습니다. 배운 내용을 복습하여 높은 점수에 도전해 봅니다.

▶ **영어 단어 연상 게임**
단어 연상 게임은 제시된 그림을 보고 연상되는 단어를 알아 맞히는 게임입니다. 두 글자 부터 네 글자까지 다양한 단어를 학습해 봅니다.

▶ **온라인 대전 게임 - 영토 사수 작전**
친구들과 1 VS 1 또는 2 VS 2 온라인 대전 게임으로 오타 없이 빨리 타자를 입력하여 영토를 지배하는 게임입니다. 비슷한 타수의 친구와 대결하면 재미있는 승부를 볼 수 있습니다.

 ※ K마블 영어 버전의 원어민 음성 모드도 곧 지원됩니다.